A Tributação das Mais-Valias Realizadas na Transmissão Onerosa de Partes de Capital pelas SGPS

MIGUEL LUÍS CORTÊS PINTO DE MELO
Economista
Revisor Oficial de Contas
Pós-Graduado em Direito Fiscal

A Tributação das Mais-Valias Realizadas na Transmissão Onerosa de Partes de Capital pelas SGPS

A TRIBUTAÇÃO DAS MAIS-VALIAS REALIZADAS
NA TRANSMISSÃO ONEROSA DE PARTES DE CAPITAL
PELAS SOCIEDADES GESTORAS DE PARTICIPAÇÕES SOCIAIS

AUTOR
MIGUEL LUÍS CORTÊS PINTO DE MELO

EDITOR
EDIÇÕES ALMEDINA, SA
Avenida Fernão de Magalhães, n.º 584, 5.º Andar
3000-174 Coimbra
Tel.: 239 851 904
Fax: 239 851 901
www.almedina.net
editora@almedina.net

PRÉ-IMPRESSÃO • IMPRESSÃO • ACABAMENTO
G.C. – GRÁFICA DE COIMBRA, LDA.
Palheira – Assafarge
3001-453 Coimbra
producao@graficadecoimbra.pt

Maio, 2007

DEPÓSITO LEGAL
258859/07

Os dados e as opiniões inseridos na presente publicação
são da exclusiva responsabilidade do(s) seu(s) autor(es).

Toda a reprodução desta obra, por fotocópia ou outro qualquer processo,
sem prévia autorização escrita do Editor,
é ilícita e passível de procedimento judicial contra o infractor.

Nota Introdutória

O livro que agora se dá à estampa foi realizado no âmbito da Pós-graduação avançada em Direito Fiscal organizada pela Faculdade de Direito da Universidade de Lisboa, em que me coube leccionar um dos módulos. O seu autor pediu-me que escrevesse a respectiva nota introdutória, e eu confesso que acedi com grande prazer.

Não o faço apenas em nome daquele orgulho que o professor – ainda que de carreira irremediavelmente falhada – sente sempre quando recebe, dos seus alunos, qualquer manifestação de apreço ou consideração. Não se trata somente, com efeito, de retribuir a satisfação conferida pelo simbolismo do convite. Combinámos desde o princípio, sem esforço – era uma preocupação comum –, que a tarefa unicamente se justificaria se ficasse genuinamente convencido do valor intrínseco da obra. Ora essa certificação eu posso fornecê-la de imediato, ainda que a julgue de pouca importância para quem a pede.

Recordo-me bem de ter repetido, em aulas ou conferências, meio a sério, meio a brincar, um desafio às mais variadas plateias: afirmei que dificilmente haveria um jurista capaz de expor oralmente, de improviso, sem hesitações e sem falhas, a intrincada teia de alterações legislativas e de disposições transitórias que foram compondo o regime de tributação das mais-valias realizadas por sociedades gestoras de participações sociais (SGPS), ao longo dos últimos quinze anos.

Os especialistas sabem que eu tinha razão. Se calhar, não precisava sequer de ter sido tão exigente na formulação das condições. Atrevo-me agora a pensar que o Dr. Miguel de Melo aceitou o desafio que então lancei. Não o tomou exactamente na sua forma original, é certo: substituindo o improviso por um paciente e árduo trabalho de sistematização e análise, acrescentou-lhe qualidade e segurança; ao trocar a forma oral pela forma escrita, correspondeu às necessidades tantas vezes sentidas por gestores, advogados, auditores ou estudantes.

Quem ler este livro ficará definitivamente documentado sobre o mais gritante exemplo de insegurança jurídica e de leviandade legislativa que pode encontrar-se no ordenamento jurídico-fiscal português. Haverá, com certeza, outros casos dignos de nota. Nenhum como este, contudo, junta tantos ingredientes de uma política fiscal deplorável: a sucessão profusa de alterações, a ambiguidade das fórmulas empregues, os dilemas interpretativos suscitados, a coexistência duradoura de soluções diferentes para situações idênticas, a impenetrabilidade dos regimes transitórios.

Não há, de facto, maior paradoxo no sistema fiscal português: o tipo de sociedade que se quer (ainda) incentivar como instrumento preferencial da concentração e gestão de participações sociais é simultaneamente aquele que, no domínio fiscal, recebeu a disciplina mais variável e errática.

Esta incerteza fica agora, de algum modo, atenuada por este livro. Combinando a sua experiência, o domínio das normas e os conhecimentos contabilísticos, o autor fornece-nos não apenas uma análise jurídica cuidada, mas também um guia para problemas concretos, numa exposição que às vezes chega a ser utilmente esquemática. Seguramente fruto da sua actividade profissional, que lhe exige ao mesmo tempo rigor e pragmatismo, o Dr. Miguel de Melo preocupa-se menos com a erudição académica do que com a organização de um discurso prático.

O resultado final é de uma utilidade indiscutível. Ainda que, aqui ou ali, possam subsistir dúvidas no espírito de alguns, o certo é que lhe ficamos todos a dever o facto de ter tornado acessível um regime que muitos ainda consideram uma autêntica cruz dos jurisconsultos.

Porto, Abril de 2007

António Lobo Xavier

1. Prefácio

Este trabalho resulta do culminar da Pós-Graduação Avançada em Direito Fiscal concluída no Instituto de Direito Económico, Financeiro e Fiscal da Faculdade de Direito da Universidade de Lisboa.

A orientação do trabalho ficou a cargo do Dr. Fernando Carreira Araújo a quem se deve o agradecimento pela atenção disponibilizada e pelas sugestões oportunamente transmitidas.

Ao Dr. António Lobo Xavier, expresso o meu sincero reconhecimento pela sua amabilidade, disponibilidade e motivação desde a primeira hora.

À Dr.ª Marta Filipa Ferreira da Silva, Economista e colega de escritório, por todo trabalho visível e invisível desenvolvido e sem o qual esta obra não existiria, o meu obrigado.

Ao sócio principal da "Patrício, Mimoso e Mendes Jorge – SROC", Meritíssimo Revisor Oficial de Contas e Economista – Dr. Joaquim Patricio da Silva, pelos quase 20 anos de ensinamento, o meu sentido bem haja.

Por ultimo à minha família, pais e irmãos, à minha mulher Manuela e filha Leonor obrigado pelo apoio incondicional.

Sendo Revisor Oficial de Contas na "Patrício, Mimoso e Mendes Jorge – SROC", desde o ano de 2000, a minha escolha recaiu, por razões de experiência profissional inerente ao tipo de clientes que tenho vindo a acompanhar, sobre o tema da problemática da tributação das mais e menos-valias na transmissão onerosa de partes de capital no caso especifico das participações detidas pelas SGPS.

Por outro lado, trata-se de uma temática actual e relativamente pouco abordada, apesar da sua indiscutível relevância no quadro do sistema fiscal português.

O trabalho baseia-se num conjunto de informação reunida sobre o tema, alicerçando-se na análise e reflexão sobre uma matéria que consideramos actual e pertinente, procurando contribuir com algum conhecimento efectivo e de cariz prático do tema decorrente do exercício da actividade profissional acima mencionada.

A abordagem do tema não tem pretensões de exaustividade ou profundidade e, certamente, outras questões sobre o tema poderiam levantar-se.

Na impossibilidade de um esgotamento acerca do tema escolhido, optamos por abordar as matérias que se afiguravam mais relevantes em termos práticos.

Procuramos, também, abstrair-nos de efectuar comentários a posições derivadas da doutrina ou da jurisprudência, por forma a reduzir a subjectividade do tema de estudo.

Lisboa, Maio de 2007

2. Introdução

A tributação de mais e menos-valias tem-se vindo a revelar uma área de política fiscal muito sensível, tendo sofrido varias alterações à medida que novos governos avançam para o poder.

Os vários regimes fiscais já passaram por políticas de exclusão de tributação, diferimento da tributação condicionado ao reinvestimento e exclusão parcial de tributação condicionada ao reinvestimento.

As SGPS beneficiaram até ao final de 2000 de um regime de diferimento da tributação das mais-valias obtidas com a alienação da participações sociais, desde que o valor de realização fosse reinvestido até ao final do terceiro exercício ao da alienação.

Desde 2001, com a entrada em vigor da Lei n.º 30-G/2000 de 29 de Dezembro, que o regime fiscal das SGPS, nomeadamente no que respeita à questão da tributação das mais-valias e das menos-valias, tem sido anual e sucessivamente alterado, tendo culminado na versão actual dada pelo Orçamento de Estado para 2003.

Conforme já referido anteriormente, o presente trabalho pretendeu analisar a informação existente sobre o tema, tendo em vista a reflexão sobre as principais alterações fiscais ocorridas, em sede do Código do Rendimento das Pessoas Colectivas (CIRC) e Estatuto dos Benefícios Fiscais (EBF), desde a criação do Decreto-Lei n.º 442-B/88, que aprovou o Código do Rendimento das Pessoas Colectivas.

Quanto à metodologia utilizada, a realização do presente estudo baseou-se na pesquisa bibliográfica, recurso à internet e leitura de artigos de opinião publicados em Jornais e Revistas da especialidade.

O trabalho começa por enquadrar os conceitos de mais e menos--valias e definir as Sociedades Gestoras de Participações Sociais (SGPS), enunciando as suas principais características. Nos capítulos seguintes expõe-se o regime contabilístico do imobilizado financeiro, seguido do respectivo enquadramento fiscal das mais e menos-valias. Seguidamente, apresenta-se a evolução histórica do regime de tributação das mais e menos-valias no regime geral e no caso específico das SGPS. Nos capítulos seguintes é detalhado o regime que se encontra actualmente em vigor relativamente às SGPS, levantando-se algumas questões que não se encontram explicitas na letra da lei que o aprovou. Finalmente esboçam--se algumas conclusões acerca do regime fiscal apresentado ao longo do trabalho.

3. Enquadramento de conceitos

Neste capítulo será feita uma breve abordagem aos conceitos de mais e menos-valias, enquanto proveitos e custos, respectivamente.

Seguidamente, são introduzidas as principais características das SGPS – Sociedades Gestoras de Participações Sociais.

3.1. *Conceitos de mais e menos-valias*

As mais-valias traduzem-se em ganhos ocasionais de capital, sem relação directa com a actividade produtiva, não sendo consideradas como rendimento, mas como um acréscimo patrimonial.

Segundo o Prof. Teixeira Ribeiro[1], as mais-valias são os aumentos inesperados e imprevistos do valor dos bens. A definição inversa é aplicável às menos-valias.

Segundo Vogel[2], pode entender-se por mais-valia, o ganho derivado da alienação de um bem económico, na medida em que a alienação não constitui objecto específico de uma actividade empresarial.

O POC define o conceito de mais ou menos-valia contabilística como o ganho ou perda na alienação de bens do imobilizado corpóreo, incorpóreo ou financeiro, evidenciado nas contas 794 – Ganhos em imobilizações e 694 – Perdas em imobilizações, respectivamente.

A forma de apuramento das mais e menos-valias contabilisticas é a seguinte:

$$MVc \, / \, mvc = VR - \left(Vaq \, / \, Vreav - Aac \right)$$

MVc/mvc = Mais-valia contabilistica/ menos-valia contabilística

---

[1] Teixeira Ribeiro, José Joaquim, *Lições de Finanças Públicas*, 1997.

[2] Vogel, Kaus *Relatório Nacional Cahiers de Droit Fiscal Internacional*, volume 41 B.

VR = Valor de Realização
Vaq / Vreav = Valor de Aquisição / Valor de Reavaliação
Aac = Amortizações Acumuladas Contabilizadas

Conforme definido no n.º 1 do art. 17.º do Código do Imposto sobre o Rendimento Colectivo (CIRC), o lucro tributável é constituído pela soma algébrica do resultado líquido do exercício e das variações patrimoniais positivas e negativas verificadas no mesmo período e não reflectidas naquele resultado.

Assim, as mais e menos-valias contabilísticas não relevam para efeitos fiscais, sendo deduzidas e acrescidas no apuramento do lucro tributável. Mas, em contrapartida, incluem-se as mais ou menos-valias fiscais.

A referência às mais e menos-valias enquanto proveitos e custos fiscais vem definida no Código do Imposto sobre o Rendimento Colectivo (CIRC), instituído pelo Decreto-Lei n.º 442-B/88 de 30 de Novembro, respectivamente, nas alíneas f) do n.º 1 do art. 20.º e i) do n.º 1.º do art. 23.º. Segundo estes artigos, são considerados proveitos ou ganhos os que derivam de operações de qualquer natureza, em consequência de uma acção normal ou ocasional, básica ou acessória, nomeadamente os que resultam de mais-valias realizadas. Por outro lado, consideram-se custos ou perdas os que forem comprovadamente indispensáveis para a realização dos proveitos ou ganhos sujeitos a imposto ou para a manutenção da fonte produtora, nomeadamente as menos-valias realizadas.

De acordo com o n.º 1 do art. 42.º do CIRC, apenas são tributadas as mais ou menos-valias efectivamente realizadas e não as que sejam potenciais ou latentes. Ou seja, as variações no capital próprio que não resultem do resultado líquido concorrem para a formação do resultado tributável, com excepção, nomeadamente, das mais-valias potenciais, como sejam, reavaliações livres e os aumentos do capital próprio por via da equivalência patrimonial.

Encontra-se também mencionado no Acordão do Supremo Tribunal Administrativo de 25 de Outubro de 2000, no n.º I que *"Só as menos-valias realizadas, e não também as menos-valias potenciais ou latentes, constituem custos ou perdas de exercício para efeitos de IRC"*.

De facto, os art. 21.º e 24.º do CIRC, respeitantes a variações patrimoniais, revelam que as mais e menos-valias potenciais ou latentes, mesmo que expressas na contabilidade, incluindo as reservas de reavaliação lega-

Enquadramento de conceitos

lmente autorizadas, não concorrem para a formação do lucro tributável, devendo ser acrescidas ou deduzidas ao resultado contabilístico para apuramento do lucro tributável.

Assim, conforme definido no n.º 1 do art. 43.º desse Código, *"consideram-se mais-valias ou menos-valias realizadas os ganhos obtidos ou as perdas sofridas relativamente a elementos do activo imobilizado mediante transmissão onerosa, qualquer que seja o título por que se opere, e, bem assim, os derivados de sinistros ou os resultantes da afectação permanente daqueles elementos a fins alheios à actividade exercida."*

Deste modo, as situações descritas consideram as mais e menos-valias realizadas e desconsideram as potenciais ou latentes.

Através da leitura do art. 43.º do CIRC, verifica-se que o conceito de rendimento inclui na base tributável, os aumentos de poder aquisitivo, incluindo as mais-valias realizadas. Deste modo, consideram-se mais--valias:

• Os ganhos de capital voluntários;
• Os ganhos de capital involuntários, derivados de expropriações, indemnizações por destruição ou roubo.

O n.º 2 do mesmo artigo determina que as mais e menos-valias fiscais se determinam pela diferença entre o valor de realização (excluindo encargos inerentes) e o valor histórico de aquisição (deduzido de amortizações e reintegrações), multiplicado pelos coeficientes de desvalorização monetária.

A forma de apuramento das mais e menos-valias fiscais é a seguinte:

$$MVf\ /\ mvf = VR - (Vaq - Aac)xCoef$$

MVf/mvf = Mais valia fiscal/menos valia fiscal
VR = Valor de Realização
Vaq = Valor Histórico de Aquisição/Produção
Aac = Amortizações Acumuladas Praticadas (reportam-se ao valor de aquisição e não ao de realização)
Coef. = Coeficiente de desvalorização monetária

Sendo que as mais e menos-valias contabilísticas resultam da diferença entre o valor de realização e o valor líquido contabilístico dos activos imobilizados, regra geral, as mais e menos-valias contabilísticas e fiscais, não coincidem, visto tratar-se de conceitos diferentes.

O n.º 6 do art.º 43.º do CIRC estabelece que não são consideradas mais ou menos-valias:

- Os resultados obtidos aquando da entrega pelo locatário dos bens objecto de locação financeira;
- Os resultados obtidos na transmissão onerosa ou na afectação permanente nos termos referidos no n.º 1, de títulos de dívida cuja remuneração se constitua pela diferença entre o valor de reembolso ou de amortização e o preço de emissão, primeira colocação ou endosso.

Deste modo, conclui-se que as mais e menos-valias fiscais (relevantes em sede de IRC), não coincidem, por norma, com as mais e menos--valias contabilísticas, nomeadamente, caso existam reavaliações livres do activo imobilizado ou, ainda que legais, efectuadas há mais de 1 ano, pois enquanto as primeiras se determinam em função do valor de aquisição, as segundas têm por base o valor de reavaliação.

Para cálculo das mais-valias fiscais deverá ser tomada em consideração a actualização prevista no art. 44.º do CIRC, i.e., a aplicação dos coeficientes de desvalorização monetária.

O coeficiente de correcção monetária aplica-se ao valor de aquisição reduzido das amortizações acumuladas sobre o valor de aquisição, quando, à data da realização tenham decorrido, no mínimo 2 anos, da data de aquisição do bem (n.º 1 do art. 44.º do CIRC).

Esta correcção monetária não se aplica a investimentos financeiros, com excepção de investimentos em imóveis e partes de capital (n.º 2.º do art. 44.º do CIRC).

A Portaria n.º 429/2006 de 3 de Maio determina os Coeficientes de desvalorização da Moeda, referidos no art. 44.º do Código do Imposto sobre o Rendimento das Pessoas Colectivas (CIRC), e no art. 50.º do Código do Imposto sobre o Rendimento das Pessoas Singulares (CIRS) que deverão ser aplicados aos bens e direitos alienados durante o ano de 2006, para efeitos de determinação da matéria colectável dos referidos impostos. Estes coeficientes de desvalorização da moeda são actualizados anualmente.

3.2. *Regime legal das sociedades* "Holding"

3.2.1. *As Sociedades de Controlo*

O conceito *"Holding"* é utilizado para designar sociedades que têm por objecto a gestão de carteiras de participações. No entanto, dentro do grupo sociedades que tem este objecto como actividade, podem distinguir-se 2 tipos[3]:

1. Sociedades que têm por objecto a gestão de uma carteira de fundos ou *private equities* com a finalidade de maximizar a rentabilização dos capitais investidos;
2. Sociedades que têm por objecto a gestão de participações sociais com o objectivo de adquirir controlo das sociedades participadas.

O último tipo de sociedades encontra regulamentação em Portugal há cerca de 34 anos, anteriormente designadas por "Sociedades de Controlo" e é sobre este tipo de sociedades holding que iremos debruçar o tema do trabalho.

As denominadas Sociedades de Controlo, que tinham por objecto a gestão de participações sociais de outras sociedades como forma indirecta de exercício de actividades económicas, encontravam-se regulamentadas pelo Decreto-Lei n.º 271/72 de 2 de Agosto, que determinava as suas obrigações e benefícios fiscais.

3.2.2. *As Sociedades Gestoras de Participações Sociais (SGPS)*

Em 1988, foi criado o regime legal de um outro tipo de sociedade Holding portuguesa – a Sociedade Gestora de Participações Sociais. Esta decisão surge num contexto de preparação para a integração no mercado único europeu (a ter lugar em 1992), tendo-se sentido necessidade de estabelecer condições em Portugal que fomentassem a criação de grupos económicos, por forma a incrementar e fortalecer o desenvolvimento do tecido empresarial português.

---

[3] Conforme refere Engrácia Antunes, em *"Os grupos de Sociedades"*, enquanto que na primeira situação, a gestão de participações sociais constitui um fim em si mesmo, na segunda situação a gestão de participações sociais constitui apenas um meio em relação a um fim.

16 *A Tributação das Mais-Valias Realizadas na Transmissão Onerosa em SGPS*

O Decreto-Lei n.º 495/88 de 30 de Dezembro abandona o conceito de Sociedades de Controlo[4], estabelecendo uma nova designação para estas sociedades – Sociedades Gestoras de Participações Sociais (SGPS). Este Decreto-Lei vem determinar novas regras paras este tipo de sociedades, sendo o regime que se mantém actualmente, com as alterações introduzidas pelo Decreto-Lei n.º 318/94 de 24 de Dezembro e pelo Decreto-Lei n.º 378/98 de 27 de Novembro.

A legislação aplicável às SGPS, actualmente em vigor, definida no Decreto-Lei referido no parágrafo anterior, estabelece as obrigações deste tipo de sociedades, nomeadamente:

- A menção como objecto social único da gestão de participações sociais (n.º 1 do art. 1.º);
- As SGPS podem ser constituídas sob a forma de sociedade anónima ou sociedade por quotas, devendo incluir no nome a menção «Sociedade Gestora de Participações Sociais» ou a abreviatura SGPS (n.º 4 do art. 2.º);
- As participações detidas não poderão ter carácter ocasional (período inferior a 1 ano) e deverão corresponder a, pelo menos, 10% do capital com direito de voto da sociedade participada (n.º 2 e 3 do art. 1.º).

Existem algumas excepções à detenção do limite mínimo de 10% do capital com direito de voto da participada, contempladas no actual n.º 3 do art. 3.º do Decreto-Lei n.º 495/88[5], nomeadamente:

- Detenção de acções ou quotas representativas de mais de 10% até ao montante limite de 30% do valor total das participações incluídas nos investimentos financeiros;
- Participação com valor de aquisição não inferior a 5.000.000€;
- Aquisição das participações resultantes de fusão ou de cisão da sociedade participada;
- Participação detida pela SGPS em sociedade com a qual exista contrato de subordinação.

---

[4] O conceito de sociedade de controlo utilizada no Decreto-lei 271/72 de 2 de Agosto implicava uma ideia de domínio que não é conciliável com os requisitos gerais de domínio de uma sociedade por outra, definidos no art. 486.º do Código das Sociedades Comerciais.

[5] Estas excepções foram introduzidas pelo Decreto-Lei n.º 318/94 de 24 de Dezembro.

Da actividade principal da SGPS derivam 2 actividades acessórias, definidas no n.º 1 do art. 4.º do Decreto-Lei em análise, consistindo, a primeira, na aplicação de excedentes de tesouraria na aquisição de participações financeiras e, a segunda, na prestação de serviços técnicos de administração às participadas e às sociedades com as quais exista contrato de subordinação.

Esta prestação de serviços deverá encontrar-se regulamentada por contrato de prestação de serviços escrito, com especificação do valor dos serviços (n.º 2 do art. 4.º).

Ou seja, esquematicamente:

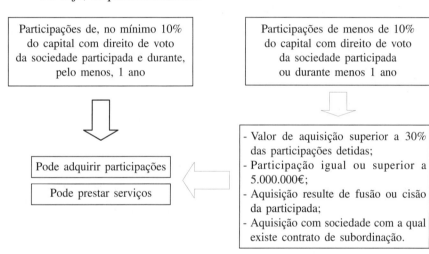

O art. 5.º do Decreto-Lei n.º 495/88 determina algumas operações vedadas às SGPS, que se indicam de seguida:
- As SGPS não podem adquirir e manter na sua titularidade bens imóveis, excepto quando os mesmos sejam necessários à sua instalação ou de sociedades com participação de, pelo menos, 10% com direito de voto das sociedades participadas (nestas o valor não pode exceder 25% do capital próprio da SGPS), os adquiridos por adjudicação em acção executiva movida contra devedores e os provenientes de liquidação de sociedades suas participadas, por transmissão global, nos termos do artigo 148.º do Código das Sociedades Comerciais;
- As SGPS não podem alienar ou onerar as suas participações antes de decorrido 1 ano da data de aquisição, excepto se a alienação

for feita por troca ou o produto da alienação for reinvestido no prazo de seis meses noutras participações ou no caso de o adquirente ser uma sociedade dominada pela SGPS;

- As SGPS não podem conceder crédito, excepto às sociedades dependentes[6], ou a sociedades em que detenham participações ou há mais de 1 ano e superiores 10% do capital com direito de voto da participada, ou com valor nominal superior a 5.000.000€ (se a participação detida for inferior a 10%) ou em que a participação resulte de cisão ou fusão da participada.

Resumindo estas operações em esquemas, temos:

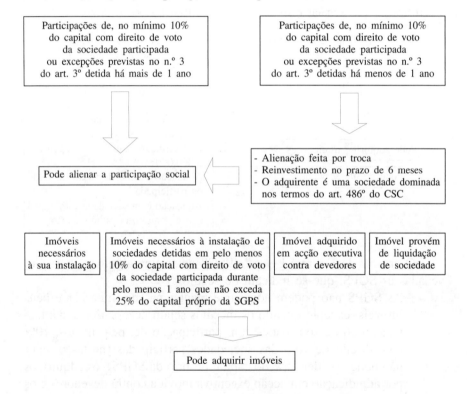

---

[6] Nos termos das alíneas a), b) e c) do n.º 2.º do art. 486.º do CSC considera-se que uma sociedade é dependente se a SGPS, detém participação maioritária no capital, dispõe de mais de metade dos votos e pode designar mais de metade dos membros do órgão de administração ou fiscalização.

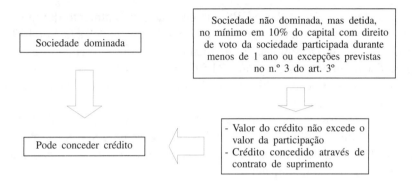

As SGPS têm o dever de remeter anualmente à Inspecção-Geral de Finanças, até 30 de Junho, o inventário das partes de capital incluídas nos investimentos financeiros constantes do último balanço aprovado (art. 9.º do Decreto-Lei n.º 495/88 com introduções do Decreto-Lei n.º 378/98, de 27 de Novembro).

Ficam também sujeitas a registo especial e supervisão do Banco de Portugal as SGPS relativamente às quais se verifique alguma das situações previstas no artigo 117.º do Regime Geral das Instituições de Crédito e Sociedades Financeiras, aprovado pelo Decreto-Lei n.º 298/92, de 31 de Dezembro[7], sendo equiparadas a sociedades financeiras para efeitos do disposto no titulo XI do mesmo Regime Geral (Decreto-Lei n.º 318/94, de 24 de Dezembro).

Por outro lado, conforme mencionado no art. 10.º do Decreto referido, as SGPS têm o dever de designar e manter um revisor oficial de contas ou uma sociedade de revisores oficiais de contas desde o início da actividade, exceptuando quando tal obrigação já tenha sido imposta por outras disposições legais[8].

O n.º 2 do art. 11.º dispõe que as sociedades participadas por SGPS não podem deter partes de capital na SGPS participante, nem em qualquer SGPS que participe na primeira, excepto nos termos previstos no n.º 1 do art. 487.º do CSC[9].

---

[7] As SGPS que detiverem participações em Instituições de Crédito, Sociedade Financeiras superiores a 50% do valor global das participações ou quando as participações detidas lhes confiram a maioria dos direitos de voto em uma ou mais Instituições de Crédito ou Financeiras.

[8] Obrigação que foi especificada pelo Decreto-Lei n.º 318/94 de 24 de Dezembro.

[9] Este artigo determina as excepções à detenção de participações de sociedades participantes e são estas: sempre que se tratar de aquisições a título gratuito, por adjudi-

O Regime Fiscal das SGPS encontrava-se inicialmente definido no art. 7.º do Decreto-Lei n.º 495/88, tendo sido revogado pela Lei 109-B//2001 de 27 de Dezembro. Actualmente, as regras referentes a este regime fiscal encontram-se no art. 31.º do Estatuto dos Benefícios Fiscais, apelando-se à aplicação do 46.º do CIRC, com regras especiais, no que respeita à eliminação da dupla tributação económica.

Para efeitos de determinação do lucro tributável (art. 46.º do CIRC), aos lucros distribuídos às sociedades participadas pela SGPS são deduzidos 100% desses rendimentos incluídos na base tributável, independentemente da percentagem detida.

Às mais-valias e menos-valias obtidas pelas SGPS, mediante a venda ou troca das quotas ou acções de que sejam titulares, aplica-se o art. 31.º do EBF ou os art. 23.º, 42.º e 45.º do CIRC, consoante o prazo de titularidade das acções e as entidades a quem tenham sido adquiridas as participações.

Este tópico será desenvolvido nos capítulos seguintes.

---

cação em acção executiva movida contra devedores ou em partilha de sociedades em que seja sócia.

4. Regime Contabilistico do Imobilizado Financeiro

De seguida será apresentado um breve resumo acerca da contabilização da aquisição de participações e da valorização da sua alienação, em termos contabilísticos.

4.1. *Reconhecimento inicial*

O registo da aquisição de partes de capital implica que as mesmas sejam contabilizadas e valorizadas pelo custo de aquisição.

A classificação contabilística – activo circulante ou imobilizações financeiras – dependerá da intenção declarada pelo órgão de gestão no acto da aquisição.

A conta 15 – títulos negociáveis, regista o movimento ocorrido com a transacção de titulos com objectivos de aplicações de tesouraria a curto prazo e deverá evidenciar a distinção entre acções (151) e quotas (152).

Estas contas devem relevar, através de sub-contas, a relação existente entre as sociedades detentora e a participada, decorrente da quantidade de acções com direito de voto comprada ou detida. No cálculo da percentagem de participação apenas se consideram as acções com direito de voto sobre o capital social correspondente da participada.

O registo contabilístico de partes de capital adquiridas com a intenção de reter por período não inferior a um ano, deverá ser lançado nas sub-contas respectivas da conta 41 – Investimentos financeiros, nomeadamente através de uma das respectivas sub-contas que deverão ser objecto de subdivisão pelo tipo de sociedade participada, designadamente, entre sociedades por quotas e anónimas em cada uma das sub-contas 411.

Pela mesma razão, e de acordo com o espírito do POC, as contas de terceiros (265 – Credores por subscrições não liberadas e 268 – Devedores e credores diversos) deverão ser subdivididas por acções e quotas.

E o ultimo tipo de participações – com caracter permanente – que constituem o objecto da nossa analise, ainda que as mesmas sejam alienadas num período inferior a 1 ano.

O princípio geralmente aceite e expresso nas normas internacionais de contabilidade determina que deverá ser contabilizado como custo de aquisição, o valor desembolsado para adquirir a propriedade ou o uso de um determinado activo, incluindo todas as despesas realizadas para o colocar em condições de operacionalidade, independentemente da sua natureza e finalidade.

O ponto 5.1.2. do POC – Critérios de valorimetria – Disponibilidades – determina que *"relativamente a cada um dos elementos específicos dos títulos negociáveis e das outras aplicações de tesouraria, serão utilizados os critérios definidos para as existências, na medida em que lhes sejam aplicáveis."* No entanto, os títulos de tesouraria a curto prazo, não constituirão objecto da nossa análise.

O ponto 5.4.1 do POC – Critérios de valorimetria – Imobilizações determina que: *"O activo imobilizado deve ser valorizado ao custo de aquisição ou ao custo de produção"*

Sendo utilizados os mesmos critérios que nas existências para determinar o custo de aquisição, tem-se que se deverá considerar no somatório deste, o respectivo preço de compra e os gastos suportados directa ou indirectamente para o colocar no seu estado actual.

Assim, as imobilizações financeiras deverão ser valorizadas ao custo de aquisição devendo este custo integrar todas as despesas que lhes estão directamente associadas.

Nos Apontamento da SITOC, capitulo Concentrações Empresariais, Aquisições, vem determinado que *"Os dividendos, juros, royalties ou outros tipos de influxos em conexão com os investimentos financeiros são, em regra, vistos como rendimentos. Porém, nalguma circunstâncias podem os juros, ou no caso em estudo das acções/quotas, os dividendos declarados e ainda não pagos serem acrescentados ao preço do investimento financeiro que os produziu, devendo neste caso serem tratados como recuperação de custos e não como rendimentos."*

A Directriz Contabilística n.º 9/93, de 30 de Março[10], relativa a *"Contabilização nas contas individuais da detentora, de partes de capital*

---

[10] Publicada no Diário da Republica, II série, n.º 75, de 30 de Março de 1993, sendo posteriormente alterada e publicada no Diário da República, II série, n.º 79, de 5 de Abril de 1994.

em filiais e associadas", remete para o ponto 5.4.3.1. do POC que determina que os investimentos financeiros permanentes representados por partes de capital em empresas filiais e associadas serão registados de acordo com um dos seguintes critérios:

- Pelo seu valor contabilístico (custo de aquisição), sem alterações;
- Pelo método da equivalência patrimonial, sendo as participações inicialmente contabilizadas pelo custo de aquisição, o qual deve ser acrescido ou reduzido.
  - Do valor correspondente à proporção nos resultados líquidos da empresa filial ou associada;
  - Do valor correspondente à proporção noutras variações nos capitais próprios da empresa filial ou associada.

O que difere na aplicação entre estes dos dois critérios de valorimetria é o facto do valor inscrito pelo método do custo corresponder ao preço de aquisição, em obediência ao princípio do custo histórico, pelo que o investimento numa filial é sempre levado pelo custo de aquisição.

No caso do Método de Equivalência Patrimonial, o valor inscrito na conta de investimentos é um valor que corresponde ao custo de aquisição ajustado pelos resultados e variações dos capitais próprios da empresa participada nos períodos seguintes ao da compra da mesma.

A Directriz Contabilística n.º 9 determina ainda, no n.º 2, que o método do custo será apenas aplicado quando existam restrições severas e duradouras que prejudiquem a capacidade de transferência de fundos para a empresa detentora ou quando as partes de capital sejam adquiridas e detidas exclusivamente com a finalidade de venda num futuro próximo.

Nos demais casos deverá ser utilizado o método da equivalência patrimonial, considerando esta aplicação, obrigatória.

Assim, não prevendo o POC a obrigaroriedade da aplicação do MEP em situação alguma em particular, poderá essa obrigatoriedade ser imposta por uma Directriz Contabilística?

Tendo a Directriz Contabilística n.º 9 suscitado reacções quanto ao alcance jurídico da sua aplicação e quanto à posição a adoptar pelo auditor/revisor, foi questionada a posição defendida em tal Directriz pela Provedoria da Justiça, tendo sido solicitado ao Departamento Jurídico da Ordem dos Revisores um parecer acerca da legalidade e obrigatoriedade da aplicação da Directriz Contabilística n.º 9.

O ponto 5.4.3.1. do POC confere a possibilidade de adopção do método do custo de aquisição ou do método da equivalência patrimonial

24   *A Tributação das Mais-Valias Realizadas na Transmissão Onerosa em SGPS*

no registo dos investimentos financeiros. Ao invés, o n.º 2 da Directriz Contabilistica n.º 9 limita a adopção do método do custo de aquisição, uma vez que o condiciona às situações referidas nas alíneas a) (quando existam restrições severas e duradouras que prejudiquem a capacidade de transferência de fundos para a empresa detentora) e b) (quando as partes de capital sejam adquiridas e detidas exclusivamente com a finalidade de venda num futuro próximo).

O Parecer considerou que, confrontando os textos do ponto 5.4.3.1. do POC com os da Directriz Contabilística n.º 9, verifica-se uma desconformidade.

O referido Parecer remete para o parágrafo oitavo da parte Preambular do Decreto-Lei n.º 367/99 de 18 de Setembro, que realçou 3 níveis hierárquicos de normalização: o POC, as Directrizes Contabilísticas e as Interpretações Técnicas, o que significa que as Directrizes Contabilísticas terão que conformar-se com o regime estabelecido no POC.

Por outro lado, refere ainda que as directrizes contabilísticas são vinculativas na medida em que respeitem a Constituição e as leis ordinárias às quais estão estabelecidas por força da legalidade ou de preferência de lei (n.º 3 do art. 3.º e n.º 7 e 8 do art. 112.º da Constituição e n.º 1 do art. 3.º do CPA).

Assim, o referido Parecer conclui que o n.º 2 da Directriz Contabilística n.º 9, uma vez que contraria o estipulado no ponto 5.4.3.1 do POC, revela-se ilegal, pelo que deverá ser efectuada a respectiva modificação.

4.2. *Reconhecimento Subsequente – O Método da Equivalência Patrimonial*

Relativamente aos investimentos financeiros em partes de capital, assume particular importância o Método da Equivalência Patrimonial

Este critério de custeio foi introduzido no Plano Oficial de Contabilidade, através do Decreto-Lei n.º 238/91 de 2 de Julho, que transpôs para o nosso ordenamento jurídico, as normas de consolidação de contas estabelecidas na 7ª Directiva da União Europeia.

Conforme referido no ponto 13.1 – Normas de Consolidação, do POC, este método é de utilização obrigatória para as empresas associadas e, em certos casos, às empresas do grupo, excluídas de consolidação.

No Método da Equivalência Patrimonial, a aquisição é registada pelo custo de aquisição (concretização do tradicional princípio do custo histórico), sendo, posteriormente, ajustada face às variações ocorridas nos capitais próprios da empresa participada. Ou seja, o valor contabilístico deixa de ser o custo de aquisição para reflectir a evolução da dimensão dos capitais próprios da empresa participada.

Ou seja, pelo método da equivalência patrimonial, as participações são,inicialmente contabilizadas pelo custo de aquisição, o qual deve ser acrescido ou reduzido do valor correspondente à proporção nos resultados líquidos da empresa filial ou associada e do valor correspondente à proporção noutras variações nos capitais próprios da empresa filial ou associada.

Os registos contabilísticos das situações referidas atrás, terão, de acordo com o ponto 5.4.3.2. do POC as seguintes contrapartidas:
- Os lucros ou prejuízos imputáveis à participação na empresa filial ou associada serão contabilizados como ganhos ou perdas financeiras, respectivamente;
- Os valores imputáveis à participação noutras variações dos capitais próprios da filial serão contabilizados na conta 553 – Ajustamentos de partes de capital em filiais e associadas – Outras variações nos capitais próprios. Se no exercício seguinte se verificar que os lucros imputados excederam os lucros atribuídos, a empresa participante deverá contabilizar a diferença na conta 552 – Ajustamentos de partes de capital em filiais e associadas – Lucros não atribuídos.

Assim, a movimentação contabilistica será a seguinte:
- A imputação de lucros ou prejuízos na empresa participada será contabilizada nas conta as 782 – Ganhos em empresas do grupo e associadas, ou 682 – Perdas em empresas do grupo e associadas, por conta partida da conta 411 – Investimentos financeiros em partes de capital;
- A imputação de outras variações nos capitais próprios da empresa participada implicará movimentar a conta 553 por contrapartida da conta 411 – Investimentos financeiros em partes de capital;
- Os lucros imputáveis á participação que não foram distribuídos, são registados, na empresa participante, na conta 59 – Resultados transitados, por contrapartida da conta 552 – Ajustamentos de partes de capital em filiais e associadas – Lucros não distribuídos.

O POC refere ainda no ponto 5.4.3.3. que as participações de empresas participadas que transitem de exercícios anteriores, no 1.º exercício de adopção do Método de Equivalência Patrimonial, deverão ser atribuidos às partes de capital, os montantes correspondentes à fracção nos capitais próprios que representam no início do exercício, senod a diferença para os valores contabilísticos contabilizada na conta 551 – Ajustamentos de partes de capital em filiais e associadas – Ajustamentos de transição.

Quando as partes de capital em empresas filiais e associadas, tiverem, um valor de mercado, à data do balanço, inferior ao resultante da aplicação do MEP, deverá ser constituída uma provisão para o efeito, através do débito na conta 554 – Ajustamentos de partes de capital em filiais e associadas – Depreciações, e correspondente crédito na conta 491 – Provisões para investimentos financeiros – Partes de capital, conforme referido no ponto 5.4.3.5. do POC

Se existir distribuição de dividendos à participação, a redução dos capitais próprios da participada origina o registo da redução do valor da participação na contabilidade da empresa participante, através da conta financeira respectiva.

A cobertura de prejuízos da participada levará à respectiva contabilização na empresa participante na conta financeira respectiva por contrapartida da conta da participação financeira.

De seguida, apresenta-se um esquema relativo à movimentação de contas no Método de Equivalência Patriomonial.

Esquema de movimentação de contas

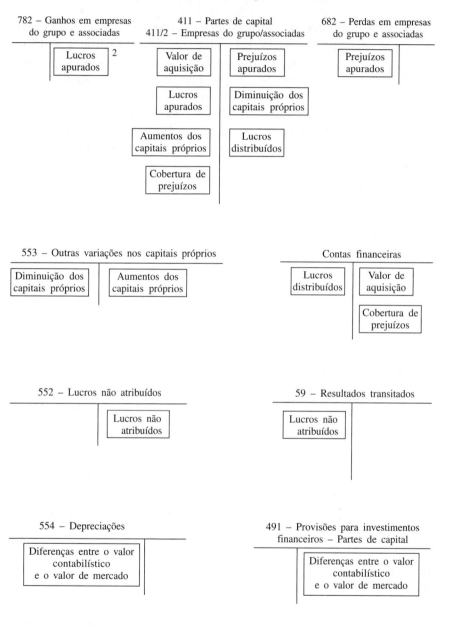

4.3. Reconhecimento pela alienação ou venda

Apesar dos critérios valorimétricos na aquisição e detenção de participações em empresas associadas e filiais se encontrar definida no POC, no ponto 5.4.3., a subsequente alienação dessas participações de capital registadas ao custo ou pelo Método de Equivalência Patrimonial, não se encontra em nossa opinião suficientemente detalhada.

No caso de se tratar de participações adquiridas num único lote, a alienação e valorizada ao custo de aquisição, ajustado das variações ocorridas nas contas de capital da empresa participada, expostas no subcapitulo anterior.

O apuramento dos ganhos ou das perdas é feito nas contas 7941 – Ganhos na alienação de investimentos financeiros, e 6941 – Perdas na alienação de investimentos financeiros, respectivamente, de forma semelhante ao que seria realizado no método do custo:

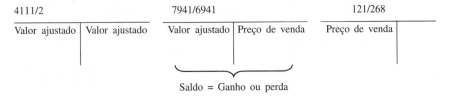

No entanto, na aplicação do MEP, conforme já referido anteriormente, poderão ocorrer outros registos, fora das contas relativas às participações:
- Lucros não atribuídos – movimentam-se as contas 552 e 59;
- Constituição de provisões – movimentam-se as contas 554 e 491.

Assim, aquando da alienação da participações, para além da que contém o valor contabilístico propriamente dito das participações (conta 4111/2) existem outras contas que poderão ter saldos à data da alienação (contas 55) que deverão ser integrados para efeitos de apuramento do valor contabilístico.

Exemplo 1
Alienação de acções (one package)

A sociedade Alfa regista na sua contabilidade, pelo método da equivalência patrimonial, uma participação de 40% no capital da empresa

Beta (associada), correspondente a 40.000 acções, com valor nominal de 1€ e adquiridas a 1,5€. O saldo da conta de investimentos financeiros era em 31/12/2006 de 45.000€.

A empresa Alfa vendeu a sua participação na empresa Beta por 50.000€ e evidenciava os seguintes saldos:

411	491	551	552	553	554
45.000	5.500	5.000	2.000	3.500	5.500

Contas		Saldos Devedores	Saldos Credores
411	Partes de capital (Investimentos)	45.000	
491	Partes de capital (Provisões)		5.500
551	Ajustamento de transição		5.000
552	Lucros não atribuídos		2.000
553	Outras variações de capital		3.500
554	Depreciações		5.500

A contabilização da alienação do investimento consistirá nas seguintes operações:

Operação	Débito	Crédito	Valor
Pela alienação da participação	12	7941	50.000
Pela anulação da participação	7941	4112	45.000
Extinção das provisões	491	554	5.500
Transferência de saldos		59	10.500
Ajustamento de transição	551		5.000
Lucros não atribuídos	552		2.000
Outras variações de capital	553		3.500

Após a contabilização das operações acima referenciadas, o saldo das contas será o seguinte:

12	7941	59
50.000	5.000	10.500

Contas	Contas	Saldos Devedores	Saldos Credores
12	Depósitos	50.000	
411	Partes de capital (Investimentos)	0	
7941	Ganhos em alienações		5.000
491	Partes de capital (Provisões)		0
551	Ajustamento de transição		0
552	Lucros não atribuídos		0
553	Outras variações de capital		0
554	Depreciações		0
59	Resultados transitados		10.500

No entanto, quando existem vários lotes da mesma participação, coloca-se a questão do método de custeio a utilizar para valorização das partes de capital aquando da sua alienação.

Como métodos de custeio da venda de acções/quotas, contabilizadas como títulos negociáveis, o POC remete para os critérios das existências, podendo-se adoptar-se um dos seguintes critérios:

- Custo Específico – método com aplicação limitação a lotes não misturáveis e relativamente aos quais a separação é vantajosa; tem a vantagem de permitir que os vários elementos do inventário sejam valorizados a custo real e não com base em custos atribuídos; é o único método que não considera o stock de acções como um lote único, permitindo a sua individualização;
- Custo Médio Ponderado – este método considera o inventário de acções com um todo, levando a que os vários lotes percam a sua individualidade, sendo o custo de cada lote determinado a partir da média ponderada do custo de todos as acções existentes;
- FIFO (*First In, First Out*) – neste método presume-se que as acções vendidas são as comprados à mais tempo, o que significa que os acçoess são valorizados a custos mais recentes, mas o custo das alienações, sendo os mais antigos, poderão revelar-se aquém dos preços de mercado;
- LIFO (*Last In, First Out*) – baseado no princípio corrente dos custos, este método segue o princípio do fluxo normal dos bens, sendo as saídas de acções efectuadas a custos mais recentes, permanencedo os as acções avaliadas aos custos mais antigos.

Estes critérios são os constantes no art. 40.º da IV Directiva que estabelece que "*os Estados-membros podem permitir que o preço de aquisição ou o custo de produção das existências de objectos da mesma categoria, assim como de todos os elementos fungíveis, incluindo os valores mobiliários, seja calculado na base dos preços médios ponderados ou segundo os métodos de "primeira entrada – primeira saída" (FIFO) ou "última entrada – primeira saída" (LIFO), ou um método análogo".*

Vejamos um exemplo prático acerca dos vários sistemas de custeio da alienação de acções.

Exemplo 2
Alienação de acções (multiple package)
em conformidade com os diversos métodos de custeio

A sociedade Alfa realizou durante o exercício de 2006 as seguintes operações com acções da Beta:
- *Aquisição de 300 acções ao preço unitário de 9 €;*
- *Aquisição de 750 acções ao preço unitário de 12 €;*
- *Aquisição de 500 acções ao preço unitário de 10 €;*
- *Alienação de 750 acções ao preço unitário de 11 €.*

Vejamos como se regista a alienação, utilizando os diversos critérios de valorimetria.

Custo Médio Ponderado	Entradas			Saídas			Total		
	Quant.	P.Unit.	Valor	Quant.	P.Unit.	Valor	Quant.	P.Unit.	Valor
Compra	300	9	2.700				300	9	2.700
Compra	750	12	9.000				1.150	9,36	10.764
Compra	500	10	5.000				1.650	9,55	15.758
Venda				750	9,55	7.163	900	9,55	8.595

Custo Específico	Entradas			Saídas			Total		
	Quant.	P.Unit.	Valor	Quant.	P.Unit.	Valor	Quant.	P.Unit.	Valor
Compra	300	9	2.700				300	9	2.700
Compra	750	12	9.000				300	9	2.700
							750	12	9.000
Compra	500	10	5.000				300	9	2.700
							750	12	9.000
							500	10	5.000
Venda				750	12	9.000	300	9	2.700
							500	10	5.000

32   A Tributação das Mais-Valias Realizadas na Transmissão Onerosa em SGPS

Neste caso vendeu-se o lote, cuja quantidade coincidia com a quantidade vendida.

FIFO (First In, First Out)	Entradas			Saídas			Total		
	Quant.	P.Unit.	Valor	Quant.	P.Unit.	Valor	Quant.	P.Unit.	Valor
Compra	300	9	2.700				300	9	2.700
Compra	750	12	9.000				300	9	2.700
							750	12	9.000
Compra	500	10	5.000				300	9	2.700
							750	12	9.000
							500	10	5.000
Venda				300	9	2.700	300	12	3.600
				450	12	5.400	500	10	5.000

LIFO (Last In, First Out)	Entradas			Saídas			Total		
	Quant.	P.Unit.	Valor	Quant.	P.Unit.	Valor	Quant.	P.Unit.	Valor
Compra	300	9	2.700				300	9	2.700
Compra	750	12	9.000				300	9	2.700
							750	12	9.000
Compra	500	10	5.000				300	9	2.700
							750	12	9.000
							500	10	5.000
Venda				500	10	5.000	300	9	2.700
				250	12	3.000	400	12	4.800

Antes de se registar a operação é necessário verificar se ocorre uma perda ou um ganho (Valor de realização – Valor de aquisição), sendo este movimento efectuado pela conta 787 se existir um ganho ou 687 se existir uma perda, sendo o saldo destas contas igual ao valor do ganho ou da perda.

Deverão ser efectuados os seguintes movimentos contabilisticos:

Critério de Valorimetria	Pela venda de 750 acções	Pela anulação do custo de aquisição
	12 (D) e 787 ou 687 (C)	*787 ou 687 (D) e 1513 ou 411 (C)*
Custo Médio Ponderado	8.250 € (750 x 11 €)	7.163 € (750 x 9,55 €)
Custo Especifico	8.250 € (750 x 11 €)	9.000 € (750 x 12 €)
FIFO	8.250 € (750 x 11 €)	8.100 € (300 x 9€ + 450 x 12 €)
LIFO	8.250 € (750 x 11 €)	8.000 € (500 x 10€ + 250 x 12 €)

Em termos contabilisticos, a empresa poderá optar pela aplicação de 1 dos 4 métodos de custeio para a valorização da alienação das participações, desde que cumpra os princípios contabilisticos, nomeadamente, o principio da consistência.

5. Regime fiscal das mais e menos-valias em imobilizado financeiro

Os critérios fiscais de custeio, quer de aquisição quer na alienação de partes de capital, são diversos dos critérios contabilísticos, pelo que, no apuramento das mais e menos-valias fiscais, existe a necessidade de elaboração de mapas de apoio (ver págs. 26 e 27) aos valores fiscais apurados de mais-valias, com base na contabilidade. Abaixo detalhamos os princípios de custeio aplicáveis fiscalmente

5.1. *Imobilizado reavaliado ou contabilizado pelo MEP*

Para efeitos fiscais de cálculo da mais-valia na alienação de participações sociais, o custo de aquisição do imobilizado financeiro não é susceptível de ser alterado conforme n.º 2 do art. 43.º do CIRC, quer por via da aplicação do Método de Equivalência Patrimonial quer por via de reavaliações económicas. Os diversos diplomas de reavaliações legais publicados no passado nunca contemplaram a possibilidade de se reavaliar o imobilizado financeiro, restringindo o seu âmbito de aplicação ao imobilizado corpóreo.

Neste termos, qualquer alteração ao custo de aquisição efectuada na contabilidade será neutra para efeitos de cálculo das mais e menos-valias fiscais.

O método da equivalência patrimonial não terá qualquer reflexo na determinação do lucro tributável, nas mais-valias, em IRC.

5.2. *Coeficientes de Desvalorização*

De acordo com o preceituado no art. 44.º do CIRC, no cálculo das mais e menos-valias fiscais de partes de capital deve o valor de aquisição

34 A Tributação das Mais-Valias Realizadas na Transmissão Onerosa em SGPS

ser actualizado mediante a aplicação de coeficientes de desvalorização da moeda, para o efeito, publicados na Portaria n.º 429/2006 de 3 de Maio do Ministro das Finanças, sempre que, à data da realização, tenham decorrido pelo menos 2 anos desde a data de aquisição, sendo o valor dessa actualização deduzido para efeitos da determinação do lucro tributável.

5.3. Critérios de Valorização das Saídas

Apesar de não existir uma norma expressa a este respeito, contrariamente ao estipulado na alínea d) do n.º 4 do art. 43.º do CIRS, o n.º 2 do art.º 43.º do CIRC determina que *"As mais-valias e as menos-valias são dadas pela diferença entre o valor de realização, líquido dos encargos que lhe sejam inerentes, e o valor de aquisição deduzido das reintegrações ou amortizações praticadas"*.

Deste modo, uma vez que o mesmo artigo remete para o valor de aquisição das participações, o nosso entendimento vai no sentido de se considerar, para efeitos da determinação da duração da posse das acções, no caso de existirem vários lotes do mesmo título, a aplicação do método FIFO (First in, first out), ou seja, consideram-se sempre vendidas as mais antigas, mesmo que tenhamos alienado um lote mais recente, em termos de critério fiscal.

Em termos contabilisticos, conforme referido no capítulo anterior, a empresa poderá optar pela aplicação de 1 dos 4 métodos de custeio para a valorização da alienação das participações, pelo que, caso o critério contabilístico seja diverso do critério fiscal, haverá que corrigir os valores, para efeitos fiscais.

A este respeito, apresenta-se, de seguida, e a titulo meramente exemplificativo e prático, um modelo de quadros que poderão ser utilizados nas empresas para a suportar e detalhar a valorização das participações alienadas, em termos contabilisticos e em termos fiscais.

No primeiro quadro deverão ser preenchidos os dados referentes à aquisição das participações, nomeadamente o numero de acções, custo unitário e valor total da participação detida. Deverão ser ainda incluídos os dados referente aos movimentos ocorridos nas rubricas de capital da empresa detida, que influenciarão o valor de aquisição registado na contabilidade.

No segundo quadro deverão ser detalhadas as aquisições e alienações de partes de capital, remetendo para os devidos documentos de suporte, bem como os ajustamentos ocorridos nas rubricas de capital próprio da empresa na qual se adquiriram as acções, que influenciam o valor ao qual se encontram registadas as participações.

Os valores em stock são valorizados, neste exemplo, em termos contabilisticos pelo custo médio ponderado e em termos fiscais pelo critério FIFO (First In, First Out). Finalmente, evidenciam-se as mais ou menos-valias fiscais, obtidas através da aplicação do critério FIFO na valorização da alienação de participações.

Nos capítulos 8 e 9, procederemos a uma análise mais detalhada ao Regime Fiscal aplicável às mais-valias nas SGPS na acualidade.

RESUMO DAS PARTICIPAÇÕES FINANCEIRAS

€

Empresa detentora:		Data :		CONTROLE DE MOVIMENTOS :	1

Título	Participação		Valores unitários:				Conta	Saldos:		Mais Valias	Valorização	Dif. Entre :
	Exist.	%	nominal	med.aquisiçao	cotação	Avaliação	Titular:	c / 41	c / 55	Associadas	Custo-FIFO	(c/41-FIFO)
Totais:												

PARTICIPAÇÕES FINANCEIRAS

EMPRESA:			(PS) -Passagem saldos	P.M.Comp.	Dados/Participada:		Obs:
			(C) -Compra (V) -Venda	P.M.Ajust.			
CONTA :	411.X.XXXX em		(AJR) -Ajust.resultados	P.M.Aquis.	Capital:		
			(AJO) -Ajust.Out.var.		Acções:	€	
TITULO			(AJT) -Ajust.Trfª.		N.Nom.		
			(LA) -Lucros atribuídos	(LNA) -Lucros n/atrib.	% detida:		

Documento:			Compras:			Vendas:				R	Ajustamentos:			Ctr.	Saldos em Stock						M.Valias Fiscais	
			Qtd.	Valor	M.Valia F.	Qtd.	Preço	Custo Ctb	M.Valias	?	Result.	Outros	TRFªs.	Saldo	Ao valor Contab.ajust.			Ao valor Aquis. (FIFO)			s/ Venda	Assoc.
Data	Nº.	Ref.	Acç.	Aquis.	Assoc.	Acç.	Venda	Ajustado	CTB.		41/12,68,78	41 / 55	55 / 59	c/55	Unid.	P.M.	Valor	Unid.	P.M.	Valor	= M.V. Stock Antes- Após	Stock

6. Sucessão do Regime Fiscal no tempo

O regime fiscal das mais e menos-valias tem sido sucessivamente alterado desde a aprovação do Código do Rendimento das Pessoas Colectivas pelo Decreto-Lei 442-B/88 de 30 de Novembro.

Neste capítulo será apresentada uma breve cronologia da evolução do regime geral de tributação das mais e menos-valias.

6.1. *Regime anterior ao CIRC*

Até ao final de 1988, a tributação dos lucros das sociedades era efectuada através do Código da Contribuição Industrial (CCI).

Nesta data, era entendimento que as mais-valias, não se tratando de ganhos obtidos com a alienação de bens adquiridos ou produzidos para venda, deveriam ser objecto de tributação autónoma, sendo regulamentadas pelo Código do Imposto das Mais-Valias[11].

O art. 25.º do CCI, determinava que *as mais-valias não contam para a determinação do lucro tributável*. A ideia consistia em reduzir do âmbito de incidência da Contribuição Industrial, os rendimentos dos contribuintes definidos como mais-valias, o que levava também à desconsideração das menos-valias enquanto custo fiscal.

A taxa deste imposto era gradual e iniciava nos 30% sobre a parte do rendimento colectável não superior a 1.000.000$ até aos 40% sobre a parte do rendimento colectável superior a 5.000.000$.

O Código do Imposto das Mais-Valias, em vigor até 1988, determinava que as mais-valias obtidas com a venda de quotas e acções não eram sujeitas ao Imposto de Mais-Valias. No seu preâmbulo, o Código das

---

[11] Aprovado pelo Decreto-Lei n.º 46373, de 9 de Julho de 1965, configurando, nesta data, um novo imposto no quadro do sistema fiscal português.

40 A Tributação das Mais-Valias Realizadas na Transmissão Onerosa em SGPS

Mais-Valias expressava que "em matéria de incidência, houve que reconhecer a impossibilidade de atingir de forma directa as mais-valias realizadas através da transmissão de quotas e de acções."

Quanto às taxas do imposto das mais-valias, estas ascendiam a 20% para os ganhos resultantes da transmissão onerosa de terrenos considerados para construção (*"quando dela resultassem ganhos não sujeitos aos encargos de mais-valia previstos no art. 17.º da Lei 2030 de 22 de Junho de 1948 ou no art. 4.º do Decreto-Lei n.º 41616 de 10 de Maio de 1958 e não tenham a natureza de rendimentos tributáveis em contribuição industrial"*) e 10% para os restantes (transmissão onerosa de elementos do activo imobilizado das empresas ou de bens ou valores por elas mantidos como reserva para fruição ou aumentos de capital mediante incorporação de reservas ou emissão de acções.

Estas taxas foram alteradas para 24% e 12%, respectivamente, pelo Decreto-Lei n.º 183-G/80 de 9 de Junho.

6.2. *Regime inicial do CIRC*

Com a entrada em vigor do Decreto-Lei n.º 442-B/88 de 30 de Dezembro, que no art. 1.º aprova o Código do Imposto sobre o Rendimento das Pessoas Colectivas (CIRC), a partir de 1 de Janeiro de 1989, as mais-valias passam a fazer parte da base tributável do IRC, deixando de ter um imposto específico, alternativo ao imposto das sociedades, para a sua tributação.

Com a alteração legal introduzida pelo CIRC as mais-valias e menos-valias passam a estar incluídas no conceito de lucro, apesar de limitadas às que tivessem sido efectivamente realizadas, o que veio introduzir alterações no conceito de rendimento até aí utilizado[12].

Ou seja, antes do IRC, não eram tributadas as mais-valias resultantes da alienação de acções, mas eram tributadas as entradas de capital, nomeadamente, por incorporação de reservas ou emissão de acções. Após a introdução do CIRC, estas entradas de capital, deixam de concorrer para a formação do lucro tributável, mas passa a ser tributável as mais-valias obtidas na transmissão de quotas e acções, à taxa genérica do IRC.

---

[12] O novo conceio de rendimento vem alargar a base tributável a todos os aumentos de poder aquisitivo, tendo como consequência a inclusão das mais-valias realizadas.

Assim, as mais-valias vêem no Código do IRC um domínio de aplicação mais vasto que aquele que era determinado no anterior sistema fiscal, estendendo-se ao imobilizado financeiro, sendo que no sistema anterior o imobilizado financeiro não se encontrava sujeito a imposto sobre as mais-valias.

Do mesmo modo, e conforme referido, a taxa de imposto aplicável às mais-valias passou a coincidir com a taxa aplicável aos demais rendimentos das pessoas colectivas (em 1989, era de 36,5%), enquanto que no sistema anterior, a taxa do imposto de mais-valias era cerca de 1/3 da taxa de Contribuição Industrial.

Verifica-se, pois, a alteração para um regime de tributação, que consiste num alargamento da base tributável e num aumento da taxa aplicável, uma vez que as mais-valias era excluídas de tributação e, nesta data, passam a ser consideradas no âmbito do CIRC, sendo potencialmente tributadas à taxa geral de 36,5%.

O imposto de mais-valias tributava, contrariamente ao IRC, os aumentos de capital das sociedades anónimas e em comandita por acções ou quotas, mediante incorporação de reservas ou emissão de acções. Com a entrada em vigor do CIRC, em 1989, passa a englobar-se, ao contrário do que aconteceia no âmbito do regime anterior, as mais-valias obtidas com a transmissão do imobilizado financeiro.

Segundo o novo regime as mais-valias obtidas passam a ser consideradas no apuramento do lucro tributável, mas com a opção de exclusão de tributação se o seu valor fosse reinvestido na aquisição, construção ou fabrico de activos corpóreos ate ao fim do segundo exercício seguinte ao da realização.

Esta exclusão estendia-se ao imobilizado financeiro, sendo regulamentado pelo antigo art. 18.º do EBF (Decreto-Lei n.º 215/89), se o valor de realização resultante da alienação de qualquer elemento fosse reinvestido em imobilizado corpóreo e financeiro.

Este regime aplicava-se às Sociedades Gestoras de Participações Sociais, conforme definido no art. 7.º do Decreto-Lei n.º 495/88 de 30 de Dezembro.

Ressalve-se, no entanto, que o art. 18-A do Decreto-Lei que aprova o Código do IRC, introduzido pelo Decreto-Lei n.º 138/92, referente ao regime transitório das mais e menos-valias, determina que *"os ganhos ou perdas realizados por sujeitos passivos de IRC com a transmissão de acções ou partes sociais cuja aquisição tenha ocorrido antes da entrada em vigor do Código do IRC não concorrem para a formação do lucro tributável."*

6.3. **Regime do OE 1994**

Em 1993, com a entrada em vigor da Lei n.° 71/93 de 26 de Novembro, foi alterado o regime do reinvestimento das mais-valias, passando a ser consagrado no art. 44.° do CIRC o diferimento da tributação das mais-valias fiscais.

Ou seja, passa-se de um sistema de não tributação (ou de isenção, i.e., sujeito mas isento) das mais-valias para um sistema de diferimento da tributação. Para que as mais-valias realizadas no exercício, por sociedades que não SGPS, fossem excluídas do resultado fiscal era necessário que:

- Fossem geradas por imobilizado corpóreo;
- Fossem reinvestidas em imobilizado corpóreo até ao final do segundo exercício seguinte ao da realização.

6.4. **Regime do OE 1997**

A entrada em vigor da Lei n.° 52-C/96 de 27 de Dezembro que define o Orçamento de Estado para 1997, alarga o período anteriormente referido de 2 para 3 anos.

Esta alteração abrange, uma vez mais, as SGPS, ficando estas sujeitas ao novo regime de diferimento das mais-valias, relativamente ao imobilizado financeiro.

No caso dos regimes descritos atrás, no caso de do valor do realização não ser totalmente reinvestido, não concorre para o apuramento do lucro tributável apenas a parte proporcional da mais-valia correspondente ao valor reinvestido, definindo-se que a parte da mais-valia excluída de tributação será igual à percentagem do valor do reinvestimento relativamente ao valor de realização, devendo ser utilizada a seguinte fórmula:

$$X = \frac{Vr \times MVf}{VR}$$

MVf = Mais-valia fiscal diferida
Vr = Valor Reinvestido
VR = Valor de Realização
X = Valor da mais-valia excluída da tributação no ano da realização

Sucessão do Regime Fiscal no tempo 43

No caso de não ser reinvestida a totalidade do valor realizado, o regime prevê que o valor não liquidado, deva ser acrescido ao IRC do terceiro exercício seguinte ao ano de realização, acrescido de juros compensatórios.

6.5. *Regime do OE de 2001*

São sofridas novas alterações, com a entrada em vigor da Lei n.º 30-G/2000[13] de 29 de Dezembro, que aprova o Orçamento de Estado para 2001. Nesta altura o diferimento da tributação das mais-valias fiscais passa a ser considerado por 1/5 do valor no exercício da realização e por igual montante nos 4 exercícios seguintes. Este diferimento implica o reinvestimento dos activos alienados no exercício anterior, no próprio exercício ou nos 2 exercícios seguintes ao da alienação (n.º 1 do art. 44.º do CIRC).

Neste novo regime fiscal, não se verificando o reinvestimento, considera-se como proveito ou ganho do último exercício permitido para o reinvestimento (segundo exercício seguinte ao da realização), sendo a diferença ou a parte proporcional da diferença não incluída no lucro tributável (do valor não reinvestido), majorada em 15%.

Relativamente às mais e menos-valias realizadas em data anterior, a Lei n.º 30-G/2000 determina que:
- Reinvestimento em bens reintegráveis – aplica-se o disposto nos art. 42.º a 44.º do CIRC (actuais 43.º a 45.º);
- Reivestimento em bens não reintegráveis – aplica-se o disposto nos n.º 6 e 7 do então art. 44.º do CIRC (actual art. 45.º).

6.6. *Regime do OE de 2002*

A redacção dada pela Lei n.º 109-B/2001, de 27 de Dezembro, que aprova o Orçamento de Estado para 2002, altera o n.º 1 do art. 45.º do CIRC, determinando que *"para efeitos de determinação do lucro tributável, a diferença positiva entre as mais-valias e as menos-valias, rea-*

---

[13] Documento que ficou conhecido como "Reforma Fiscal", dada a importância das alterações introduzidas.

44   A Tributação das Mais-Valias Realizadas na Transmissão Onerosa em SGPS

lizadas mediante a transmissão onerosa de elementos do activo imobilizado corpóreo, detidos por um período não inferior a um ano, ou em consequência de indemnizações por sinistros ocorridos nestes elementos, é considerada em metade do seu valor, sempre que, no exercício anterior ao da realização, no próprio exercício ou até ao fim do segundo exercício seguinte, o valor de realização correspondente à totalidade dos referidos elementos seja reinvestido na aquisição, fabricação ou construção de elementos do activo imobilizado corpóreo afectos à exploração.”

Este regime exclui os bens adquiridos em estado de uso a sujeito passivo de IRS ou IRC com o qual existam relações especiais nos termos definidos no n.º 4 do art. 58.º do CIRC.

Segundo este artigo, considera-se que existem relações especiais entre duas entidades nas situações em que uma tem o poder de exercer, directa ou indirectamente, uma influência significativa nas decisões de gestão da outra, o que verifica, por exemplo, entre:

“a)Uma entidade e os titulares do respectivo capital, ou os cônjuges, ascendentes ou descendentes destes, que detenham, directa ou indirectamente, uma participação não inferior a 10% do capital ou dos direitos de voto;

b) Entidades em que os mesmos titulares do capital, respectivos cônjuges, ascendentes ou descendentes detenham, directa ou indirectamente, uma participação não inferior a 10% do capital ou dos direitos de voto;

c) Uma entidade e os membros dos seus órgãos sociais, ou de quaisquer órgãos de administração, direcção, gerência ou fiscalização, e respectivos cônjuges, ascendentes e descendentes;

d) Entidades em que a maioria dos membros dos órgãos sociais, ou dos membros de quaisquer órgãos de administração, direcção, gerência ou fiscalização, sejam as mesmas pessoas ou, sendo pessoas diferentes, estejam ligadas entre si por casamento, união de facto legalmente reconhecida ou parentesco em linha recta;

e) Entidades ligadas por contrato de subordinação, de grupo paritário ou outro de efeito equivalente;

f) Empresas que se encontrem em relação de domínio, nos temos em que esta é definida nos diplomas que estatuem a obrigação de elaborar demonstrações financeiras consolidadas;

g) Entidades entre as quais, por força das relações comerciais, financeiras, profissionais ou jurídicas entre elas, directa ou indirecta-

mente estabelecidas ou praticadas, se verifica situação de dependência no exercício da respectiva actividade, nomeadamente quando ocorre entre si qualquer das seguintes situações:

1) O exercício da actividade de uma depende substancialmente da cedência de direitos de propriedade industrial ou intelectual ou de know-how detidos pela outra;

2) O aprovisionamento em matérias-primas ou o acesso a canais de venda dos produtos, mercadorias ou serviços por parte de uma dependem substancialmente da outra;

3) Uma parte substancial da actividade de uma só pode realizar-se com a outra ou depende de decisões desta;

4) O direito de fixação dos preços, ou condições de efeito económico equivalente, relativos a bens ou serviços transaccionados, prestados ou adquiridos por uma encontra-se, por imposição constante de acto jurídico, na titularidade da outra;

5) Pelos termos e condições do seu relacionamento comercial ou jurídico, uma pode condicionar as decisões de gestão da outra, em função de factos ou circunstâncias alheios à própria relação comercial ou profissional.

h) Uma entidade residente ou não residente com estabelecimento estável situado em território português e uma entidade sujeita a um regime fiscal claramente mais favorável residente em país, território ou região constante da lista aprovada por portaria do Ministro de Estado e das Finanças."

O n.º 2 do mesmo artigo (45.º do CIRC) continua a determinar que, verificando-se apenas o reinvestimento parcial do valor de realização, o disposto no número anterior aplica-se à parte proporcional da diferença entre as mais-valias e as menos-valias referidas.

No que se refere as mais-valias obtidas com a alienação de partes sociais, detidas por período não inferior a 1 ano e de valor superior a 20.000.000€ ou correspondentes, no mínimo, a 10% do capital social da sociedade participada, aplica-se o mesmo regime, desde que:

> O valor de realização seja reinvestido, total ou parcialmente, na aquisição de participações no capital de sociedades comerciais ou civis sob forma comercial com sede em território português ou em títulos do Estado Português.

Mais uma vez, a não concretização do reinvestimento até ao final do segundo exercício seguinte ao da realização, determina a consideração

46 A Tributação das Mais-Valias Realizadas na Transmissão Onerosa em SGPS

como proveito ou ganho no ultimo exercício permitido para o reinvestimento, da diferença ou a parte proporcional da diferença não incluída no lucro tributável, majorada em 15%.

Assim, a Lei n.º 109-B/2001 vem alterar 2 questões importantes neste regime:

- Inclusão no lucro tributável de 50% da mais-valia líquida, quando anteriormente se permitia o diferimento da mesma em 5 anos;
- Extensão ao imobilizado financeiro, com transmissão onerosa de partes de capital, se o valor de realização fosse reinvestido em partes de capital de sociedades e estas, aquando da alienação, tivessem permanecido na posse do sujeito passivo por período não inferior a 1 ano e de valor superior a 20.000.000€ e corresponder, no mínimo, a 10% do capital da empresa participada.

Ou seja, esta nova lei vem determinar a tributação parcial das mais-valias, sendo acrescidos 50% no ano de realização das mesmas, tendo sido expressa a dedução das mais-valias contabilisticas, e os restantes 50% serão acrescidos apenas se não se verificar o reinvestimento dos valores de realização, sendo neste caso acrescidos de 15%.

Os regimes do OE 2001 e OE 2002 trouxeram uma maior simplicidade e objectividade ao sistema fiscal português, proporcionando um maior controlo por parte da Administração Fiscal que, desta forma, não tem que recurar até 1993, data do primeiro diferimento de tributação das mais-valias.

No entanto, a implementação da Lei n.º 109-B/2001 possui um regime transitório, definido nos n.º 7 e 10 do art. 7.º da Lei n.º 30-G/2000 de 29 de Dezembro, que determina que o disposto na nova redacção do art. 45.º do CIRC é também aplicável para as mais-valias realizadas a partir de 1 de Janeiro de 2001. Conforme referido no sub-capítulo anterior, relativamente às mais e menos-valias realizadas em data anterior, a Lei n.º 30-G/2000 determinava que se o reinvestimento ocorresse em bens reintegráveis, aplica-se o disposto nos art. 43.º a 45.º do CIRC; se o reivestimento ocorresse em bens não reintegráveis, aplica-se o disposto nos n.º 6 e 7 do actual art. 45.º do CIRC.

A Lei n.º 109-B/2001, prevê, no entanto, um regime transitório alternativo ao definido no OE de 2001, relativamente à diferença positiva entre mais e menos-valias realizadas antes de Janeiro de 2001 e cujo reinvestimento se efectue em bens não reintegráveis, que consiste na

Sucessão do Regime Fiscal no tempo 47

opção do sujeito passivo incluir na base tributável de qualquer exercício posterior a 1 de Janeiro e anterior ao da alienação dos bens, 50% da mais--valia imputada.

Para as mais-valias realizadas em 2001, a Lei n.º 109-B/2001, prevê a possibilidade de opção pelo regime de diferimento instituído pela Lei n.º 30-G/2000 ou pelo novo regime de tributação parcial de em 50% instituído pela Lei de 2001.

6.7. *Regime actual das mais-valias em IRC – OE 2003*

No que se refere à transmissão onerosa de partes de capital, a entrada em vigor da Lei n.º 32-B/2002 de 30 de Dezembro, que alterou o art. 45.º do CIRC, determinou o seguinte:

*   O reinvestimento do valor de realização correspondente à totalidade das partes de capital deve ser efectuado na aquisição, fabricação ou construção de elementos do activo imobilizado corpóreo afectos à exploração ou títulos do Estado português;
*   As participações de capital alienadas devem ter sido detidas por período não inferior a um ano e corresponder a, pelo menos, 10% do capital social da sociedade participada ou ter um valor de aquisição não inferior a € 20.000.000, devendo as partes de capital adquiridas ser detidas por igual período;
*   As transmissões onerosas e aquisições de partes de capital não podem ser efectuadas com entidades residentes num território com regime de tributação mais favorável, ou com quais existam relações especiais, excepto quando se destinem à realização de capital social, caso em que o reinvestimento considerar-se-á totalmente concretizado quando o valor das participações sociais assim realizadas não seja inferior ao valor de mercado daquelas transmissões.

Em termos de menos-valias, determina-se, no n.º 5 do no art. 23.º, que não são aceites como custo fiscal, os suportados com a alienação ou transmissão a:

*   Entidades com as quais existam relações especiais;
*   Entidades sediadas em Paraíso Fiscal;
*   Entidades sujeitas a um regime tributação especial.

Por outro lado, esta Lei introduziu ainda o n.º 3 do art. 42.º do CIRC, cuja redacção é a seguinte: *"A diferença negativa entre as mais--valias e as menos-valias realizadas mediante a transmissão onerosa de partes de capital (...) concorre para a formação do lucro tributável em apenas metade do seu valor".*

Da Lei n.º 109-B/2001 já tinha sido instituído que as mais-valias líquidas positivas contam apenas em 50% (caso exista reinvestimento do valor de realização) do seu valor para o apuramento lucro tributável.

A mesma regra passa a aplicar-se, com a Lei n.º 32-B/2002, às menos-valias realizadas com a transmissão onerosa de partes de capital, contando para o apuramento do lucro tributável apenas em 50% do seu valor.

Observe-se que o mecanismo de cálculo para a tributação das Mais--Valias Fiscais, em conformidade com a norma definida, designadamente, nos arts. 42.º e 45.º do CIRC, é o saldo líquido, ou seja, adiferença aritmética entre as mais e menos-valias relevantes fiscalmente.

7. Sucessão do Regime Fiscal no caso particular das SGPS

O regime fiscal das SGPS, nomeadamente no que respeita à tributação das mais e menos-valias tem sido constante e sucessivamente alterado desdes a criação do regime jurídico das SGPS, através do Decreto-Lei n.º 495/88 de 30 de Dezembro.

À semelhança do trabalho apresentado no capítulo anterior, será exposta a sequência histórica deste regime fiscal, no caso específico das SGPS.

7.1. *Regime até 2000*

Conforme referido no capítulo anterior, em 1988, através do Decreto-Lei n.º 495/88 de 30 de Dezembro, foi criado o regime legal das Sociedades Gestoras de Participações Sociais, que regulamentou durante vários anos o regime fiscal deste tipo de sociedades Holding.

Até 2000, o regime fiscal destas sociedades encontrou-se regulamentado no art. 7.º do Decreto-Lei n.º 495/88 de 30 de Dezembro, com a redacção do Decreto-Lei n.º 318/94 de 24 de Dezembro, que determinava que *"às mais-valias e menos-valias obtidas pelas SGPS, mediante a venda ou troca das quotas ou acções de que sejam titulares, é aplicável o disposto no art. 44.º[14] do CIRC, sempre que o respectivo valor de realização seja reinvestido, total ou parcialmente, na aquisição de outras quotas, acções ou títulos emitidos pelo Estado, no prazo aí fixado"*.

Ou seja, era diferida a diferença positiva entre as mais-valias e as menos-valias realizadas sempre que o valor de realização fosse reinvestido até ao fim do segundo exercício seguinte ao da sua realização.

---

[14] Actual art. 45.º do CIRC.

7.2. Regime do OE 2001

A partir de 2001, através da Lei n.º 30-G/2000 de 29 de Dezembro, que aprova o Orçamento de Estado para 2001, o regime fiscal das SGPS passa a encontrar-se definido no art. 31.º do Estatuto dos Benefícios Fiscais, que determina que *"às mais-valias e menos-valias obtidas por SGPS e SCR, mediante a venda ou troca das quotas ou acções de que sejam titulares, é aplicável o disposto no art.º 45.º do Código do IRC, desde que o valor de realização seja reinvestido, total ou parcialmente, na aquisição de outras quotas acções ou títulos emitidos pelo Estado, no prazo aí fixado."*

Como se verifica esta norma não fez mais que transpôr para o art 31.º do EBFas normas previstas no então art. 44.º do CIRC.

A partir desta data, passa a adoptar-se um regime fiscal de diferimento da tributação da diferença positiva entre mais e menos-valias fiscais, para os 5 exercícios seguintes, desde que manifesta a intenção de reinvestimento, e posteriormente concretizada, nos termos do art. 45.º do CIRC.

As SGPS passam a beneficiar de um regime de diferimento da tributação das mais-valias obtidas mediante a venda ou troca das participações societárias por si detidas, tendo que reinvestir o valor de realização ate ao fim do terceiro exercício seguinte ao da realização.

Assim, em traços gerais, as alterações introduzidas pela nova Lei, são as seguintes:

- De acordo com o n.º 1 do art. 45.º do CIRC, a mais-valia líquida realizada na transmissão onerosa de elementos do activo imobilizado, é considerada por um quinto do seu valor no exercício seguinte ao da realização e por igual montante nos 4 exercícios posteriores, desde que o valor realizado seja reinvestido na aquisição, fabricação ou construção de elementos do activo imobilizado corpóreo afectos à exploração;
- O regime é aplicável apenas às mais-valias apuradas nos períodos de tributação iniciados a partir de 1 de Janeiro de 2001;
- É previsto um regime transitório, que vem definir o tratamento a dar às mais-valias realizadas até ao início da vigência da Lei, determinando que, se existir reinvestimento até ao fim do 2.º exercício ao da realização, mantém-se o regime de exclusão até ao momento da alienação dos bens em que se havia concretizado o reinvestimento e é diferida a tributação destas mais-valias pelo período de 10 anos a contar do ano de realização.

7.3. Regime do OE 2002

A entrada em vigor da Lei n.º 109-B/2001 de 27 de Dezembro que aprova o Orçamento de Estado para 2002 vem determinar a aplicação às SGPS dos n.º 1.º e 5.º do art. 46.º do CIRC sem necessidade dos requisitos exigidos neste artigo (apesar de não ser relevante para o objecto de estudo deste trabalho), e dos n.º 1.º e 4.º do art. 45.º do mesmo diploma, conforme previsto no n.º 1.º do art. 31.º do Estatuto dos Benefícios Fiscais.

Ou seja, se a participação tiver sido detida, durante 1 ano à data de alienação, procede-se a uma tributação de 50% da mais-valia líquida, conforme previsto no n.º 1.º do art. 45.º do CIRC.

Assim, de acordo com o n.º 1 do art. 45.º do CIRC, por remissão do art.º 31.º do EBF, a mais-valia líquida é considerada em metade do seu valor, se no exercício anterior ao da realização, no próprio exercício ou até ao fim do 2.º exercício seguinte, se verificar o reinvestimento do valor de realização.

Por outro lado, institui-se um novo regime transitório[15] que determina o seguinte:

- As mais e menos-valias realizadas antes de Janeiro de 2001 cujo valor de realização tenha sido ou venha a ser reinvestido, pode ser antecipadamente incluído na base tributável de qualquer exercício anterior ao da alienação, desde que posterior a Janeiro de 2001, por metade do seu valor, mas sem exigência de novo reinvestimento;
- Às mais-valias realizadas em 2001, possibilita-se a opção pelo regime de diferimento previsto na Lei 30-G/2000 (5 anos desde que exista reinvestimento) ou pelo regime de exclusão parcial da tributação previsto na Lei n.º 109-B/2001 (tributação de 50% da diferença positiva entre mais e menos-valias)

7.4. O regime actual das mais e menos-valias nas SGPS – OE 2003

O regime de tributação das mais valias para as SGPS é novamente alterado com a publicação da Lei n.º 32-B/2002 de 20 de Dezembro que

---

[15] Relativamente a esta questão foi emitido o Despacho do SDGCI do IR, de 3 de Junho de 2003, que explica detalhadamente o regime transitório previsto pela Lei n.º 109--B/2001. No entanto, este Despacho é relevante apenas para as SGPS. O resumo deste despacho poderá ser visualizado em Anexo.

52   *A Tributação das Mais-Valias Realizadas na Transmissão Onerosa em SGPS*

aprova o orçamento de Estado para 2003, introduzindo alterações nos n.º 2 e 3 do art. 31.º do EBF.

Assim, o n.º 2 do art. 31.º do EBF, passa a dispor que as mais e menos-valias realizadas na transmissão onerosa de partes de capital e os encargos financeiros suportados com a sua aquisição não são considerados na formação do lucro tributável, desde que sejam detidas por um período não inferior a 1 ano. Este regime aplica-se às mais e menos-valias realizadas a partir de 1 de Janeiro de 2003.

No entanto, o n.º 3 determina situações de excepção, dispondo que esta regra não se aplica às mais-valias e encargos financeiros, quando as partes de capital, detidas por período inferior a 3 anos, forem adquiridas a entidades:

• Com as quais existam relações especiais[16];
• Sediadas em Paraísos Fiscais[17];
• Sujeitas a regime especial de tributação[18];

Ainda no n.º 3 vem determinado que a regra não se aplica a mais-valias e encargos financeiros quando a sociedade alienante resulta de transformação de sociedade[19] à qual não fosse aplicável o regime previsto no n.º 2 relativamente às mais-valias das partes de capital objecto de transmissão, desde que, neste último caso, tendo decorrido um período inferior a 3 anos entre a transformação e a alienação.

---

[16] As relações especiais encontram-se definidas no n.º 4.º do art. 58.º do CIRC e já foram referidas no capítulo anterior.

[17] A listagem destas entidades, consubstanciada em 83 regiões, encontra-se constante em lista definida pela Ministério das Finanças na Portaria n.º 1272/2001 de 9 de Novembro.

[18] Não existe uma definição legal clara acerca do que se designa de "Regime especial de tributação". No entanto, a tentativa de definição deste conceito será apresentada no capítulo 9.

No geral, as normas jurídicas tem utilizado a expressão na referência a uma vantagem fiscal dada a certas entidades.

[19] Nos termos do art. 130.º do CSC, existe transformação da sociedade, quando uma sociedade anónima, por quotas, em comandita simples ou em comandita por acções, adopta posteriormente um outro desses tipos.

De acordo com a interpretação de Tiago Caiado Guerreiro, em *O novo regime fiscal das Sociedades Gestoras de Participações Sociais*, a interpretação mais consentânea vai no sentido de considerar "transformação de sociedades" de sociedades deiferentes de SGPS em SGPS, nomeadamente através do mecanismo de destaque de activos previsto no n.º 1 do art. 8.º do regime jurídico das SGPS ou de transformação de sociedades por quotas em SGPS.

Refere-se ainda que, quando não se aplicar o disposto no art. 31.º do EBF, aplicam-se as normas estipuladas no Código do IRC.

Assim, se uma SGPS apurar menos-valias na transmissão de partes de capital, a partir de Janeiro de 2003 e não se verificarem os requisitos previstos no n.º 2 do art. 31.º do EBF (detenção por período não inferior a 1 ano) aplica-se o regime geral previstos nos art. 23.º, 42.º e 45.º do CIRC.

As alterações introduzidas estatuem que, sendo apuradas menos-valias na transmissão onerosa de partes de capital e não se verificando os requisitos previstos no n.º 2.º do art. 31.º do EBF, se a transmissão se consubstanciar nos números 5, 6 e 7 do art. 23.º do CIRC, estas não concorrem para a formação do lucro tributável.

Adicionalmente, a Lei n.º 32-B/2002 introduziu também alterações nos números 5, 6 e 7 do art. 23.º do CIRC, determinando que não são aceites como custos os suportados com a transmissão onerosa de partes de capital:

- adquiridas a entidades com relações especiais, detidas por período inferior a 3 anos;
- adquiridas a entidades com domicílio em território com regime fiscal mais favorável, detidas por período inferior a 3 anos;
- adquiridas a entidades sujeitas a regime especial de tributação, detidas por período inferior a 3 anos;
- quando a entidade alienante resultante de transformação de sociedade com regime fiscal diferente, e não tenham decorrido 3 anos entre a data de transformação de um qualquer tipo de sociedade em SGPS e da alienação da participação;
- a entidades com as quais existam relações especiais;
- a entidades sujeitas a um regime de tributação mais favorável;
- a entidades sujeitas a um regime especial de tributação.

Assim, as menos-valias serão dedutíveis se a participação tiver sido adquirida à menos de 1 ano a entidades com as quais não existam relações especiais, sujeitas a regime de tributação mais favorável ou sujeitas a regime especial de tributação.

O art. 42.º do CIRC, veio determinar que metade da diferença negativa entre as mais e menos-valias realizadas mediante a transmissão onerosa de partes de capital, pode concorrer para a formação do lucro tributável, desde que não se verifiquem as situações previstas nos números 5, 6 e 7 do art. 23.º do CIRC.

Da análise às alterações do reime fiscal das SGPS pode concluir-se:
- Trata-se de um regime específico para a tributação das mais e menos-valias realizadas pelas SGPS;
- Como regra geral, as menos-valias e os encargos financeiros suportados com o financiamento não concorrem para a formação do lucro tributável.

A interpretação e consequências das alterações introduzidas em 2003, serão desenvolvidas nos capítulos seguintes em maior detalhe.

8. Análise detalhada do regime actual nas SGPS

Até 2000, o regime de tributação das mais-valias nas SGPS seguiu o regime geral, dispensado de obedecer a certos requisitos, nomeadamente, relativos ao limite temporal e limite mínimo de participação.

No entanto, em 2003, foi criado um regime especifico de tributação das mais e menos-valias realizadas pelas SGPS, regulamentado no art. 31.º do EBF, sendo também introduzidas importantes alterações nalguns artigos do CIRC.

Neste capítulo será analisado em pormenor o regime actual de tributação das mais e menos-valias nas SGPS, nomeadamente o art. 31.º do Estatuto dos Benefícios Fiscais e os art. 23.º, 42.º e 45.º do Código do Imposto sobre o Rendimento das Pessoas Colectivas. Esta análise incidirá sobre as mais e menos-valias realizadas e sobre a temática da não dedutibilidade dos encargos financeiros.

Apresentar-se-ão alguns modelos esquemáticos que permitem aferir acerca das regras de tributação aplicáveis aos casos concretos de mais e menos-valias realizadas com a alienação de participações sociais, consoante o prazo de detenção das participações e tipo de sociedades às quais foram adquiridas e transmitidas essas partes de capital.

8.1. *O art. 31.º do Estatuto dos Benefícios Fiscais (EBF)*

A lei n.º 32-B/2002 de 30 de Dezembro veio determinar, através do n.º 2 do art. 31.º do EBF, um regime de exclusão de tributação das mais-valias realizadas na transmissão onerosa de participações detidas por período superior a um ano, estabelecendo também que as menos-valias e os encargos financeiros suportados com a aquisição das partes sociais deixam de concorrer para a formação do lucro tributável.

Esta Lei introduziu, também, normas especiais anti-abuso, nomeadamente através do n.º 3.º do art. 31.º do EBF, determinando que concorrem

para a formação do lucro tributável as mais-valias realizadas e os encargos financeiros suportados quando as participações, sejam detidas por período inferior a 3 anos e:
- Tenham sido adquiridas a entidades com as quais existam relações especiais;
- Tenham sido adquiridas a entidades com sede em território sujeito a regime fiscal mais favorável;
- Tenham sido adquiridas a entidades sujeitas a regime especial de tributação;
- A sociedade alienante resulta de transformação de sociedade a qual não se aplicasse o regime previsto no n.º 2 do art. 31.º do EBF.

Desde já, anote-se o seguinte, relativamente ao regime estabelecido:
- Imposição da detenção das participações pelo período de 3 anos, nas 3 condições acima referidas, independentemente dos restantes factores de mercado, como sejam, opções estratégicas de gestão;
- Abandono da necessidade de reinvestimento, focando-se a atenção no prazo de detenção da participação.

Do exposto atrás, pode-se concluir:
- Se forem apuradas mais-valias e a SGPS cumpra o disposto no n.º 2 do art. 31.º (detidas por período não inferior a 1 ano) e não se verifiquem as condições previstas no n.º 3 (participações adquiridas a entidades com as quais existam relações especiais, com em território sujeito a um regime fiscal mais favorável, residentes em território português sujeitas a um regime especial de tributação e quando a alienante tenha resultado de transformação de sociedade à qual não fosse aplicável o regime previsto no n.º 2 relativamente às mais-valias das partes de capital objecto de transmissão, desde que, neste último caso, tenham decorrido menos de três anos entre a data da transformação e a data da transmissão), as mais-valias e encargos financeiros não concorrem para a formação do lucro tributável;
- Se forem apuradas mais-valias e a SGPS cumpra o disposto no n.º 2 do art. 31.º e se verifiquem as condições previstas no n.º 3, o valor de realização das mais-valias poderá ser reinvestido, com vista à tributação em apenas em 50% (n.º 4 do art.45.º do CIRC), como veremos adiante;

- Apurando-se menos-valias e não se verificando as condições do n.º 2 do art. 31.º, estas poderão concorrer para a formação do lucro tributável, bem como os encargos financeiros suportados com a aquisição das participações.

No entanto, o art.º 31.º do EBF regime aplicar-se-à apenas se cumpridos os pressupostos nele estipulados (limites temporais e entidades a quem se adquiriu a participação definidas nos n.º 2 e 3).

Quando não se verifiquem os requisitos previstos no art. 31.º do EBF, aplica-se o regime geral previsto nos art. 23.º, 42.º e 45.º do CIRC. Ou seja,

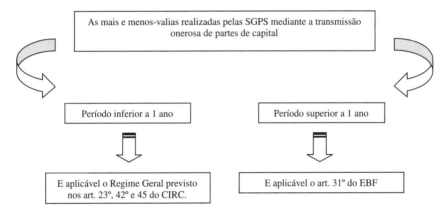

8.2. Menos-valias – art. 23.º e 42.º do CIRC

Em termos do tratamento das menos-valias fiscais também se verificaram alterações nos n.º 5, 6 e 7 do art. 23.º do CIRC, com vista ao combate à evasão fiscal.

A alteração introduzida no n.º 5 do art. 23.º do CIRC, vem determinar que não são aceites como custos, os suportados com a transmissão onerosa de partes de capital, detidas por período inferior a 3 anos e que:
- Tenham sido adquiridas a entidades com as quais existam relações especiais (alínea a) do n.º 5);
- Tenham sido adquiridas a entidades com domicílio em território sujeito a um regime de tributação mais favorável (alínea b) do n.º 5);
- Tenham sido adquiridas a entidades residentes em Portugal mas sujeitas a um regime especial de tributação (alínea c) do n.º 5);

58 *A Tributação das Mais-Valias Realizadas na Transmissão Onerosa em SGPS*

O n.º 6 do mesmo artigo determina que não são, igualmente, aceites como custos, os valores realizados com a transmissão onerosa de partes de capital, sempre que a entidade alienante resulte de transformação de sociedade, incluindo a modificação de objecto social[20], à qual se aplicasse um regime fiscal diferente[21].

Finalmente, o n.º 7 expande ainda mais a limitação de consideração como custos, estatuindo a não aceitação dos mesmos em qualquer transmissão de participações sociais, independentemente do período de detenção:

- a entidades com as quais existam relações especiais;
- a entidades com regime de tributação mais favorável;
- a entidades sujeitas a um regime especial de tributação.

As alterações introduzidas determinam que, sendo apuradas menos-valias na transmissão onerosa de partes de capital e não se verificando os requisitos previstos no n.º 2.º do art. 31.º do EBF, se a transmissão se consubstanciar nos números 5, 6 e 7 do art. 23.º do CIRC, expostos acima, estas não são aceites como custos e, portanto, não concorrem para a formação do lucro tributável.

A nova redacção do art. 42.º reforça ainda esta tendência (de não dedutibilidade das menos-valias), considerando a concorrência para o lucro tributável apenas de metade da diferença negativa entre mais e menos-valias realizadas com a transmissão onerosas de partes de capital, desde que não se verifiquem as situações previstas nos números 5, 6 e 7 do art. 23.º do CIRC.

Donde se conclui que, se operação de alienação realizada pela SGPS não cumprir os requisitos do n.º 2 do art. 31.º do EBF e se encontrarem excluídas das situações referidas nos n.º 5, 6 e 7 do art. 23.º do CIRC, evidenciadas atrás, as menos-valias serão consideradas apenas em 50%, nos termos do n.º 3 do art. 42.º do CIRC.

---

[20] A norma foi alterada com Lei n.º 107-B/2003, de 31 de Dezembro que aprovou o OE para 2004, passando a incluir a modificação do objecto social, dado que a redacção dada pela Lei n.º 32-B/2002 apenas incluía a transformação de sociedades, permitindo que as sociedades beneficiassem de um regime mais favorável em termos de menos-valias fiscais, desde que alterassem o objecto social de uma SGPS.

[21] Conforme referido anteriormente, nos termos do art. 130.º do CSC, existe transformação da sociedade, quando uma sociedade anónima, por quotas, em comandita simples ou em comandita por acções, adopta posteriormente um outro desses tipos. Neste contexto, o legislador deveria querer referir-se à transformação dos vários tipos de sociedades em SGPS.

8.3. *Mais-valias e reinvestimento dos valores de realização – art.º 45.º do CIRC*

Quando a diferença entre mais e menos-valias for positiva, o n.º 1 do art. 45.º do CIRC determina que as mesmas serão tributadas em 50%, se o valor de realização for reinvestido no exercício anterior ao da alienação, no próprio exercício ou nos 2 exercícios seguintes, desde que se verifiquem as condições previstas no n.º 4 daquele artigo:

- O reinvestimento seja efectuado em participações de sociedades com sede em Português ou títulos do Estado Português ou em imobilizado corpóreo afecto à exploração, com excepção do adquirido a entidades com as quais existam relações especiais;
- As partes alienadas sejam detida por período não inferior a 1 ano;
- A participação directa seja igual ou superior a 10% do capital ou o custo de aquisição supere os 20.000.000€;
- A entidade não seja residente em território sujeito a regime de tributação mais favorável;
- Não existam relações especiais entre a sociedade adquirente e a sociedade alienante.

Caso não se verifiquem estas condições, então a mais-valia líquida positiva é tributada pela totalidade.

Resumindo, a tributação das mais-valias poderá encontrar-se isenta (se verificados os pressupostos definidos no n.º 2 do art. 31.º do EBF expostos atrás), ou ser considerada para apuramento do lucro tributável em 100% ou em 50% (se existir reinvestimento, nos termos do art. 45.º do CIRC).

De seguida é apresentada uma representação fluxo-esquemática do novo regime das SGPS, prevendo todas as situações possíveis e os regimes fiscais aplicáveis, com o respectivo enquadramento na legislação vigente.

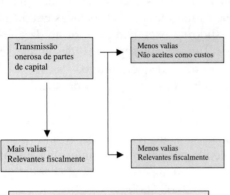
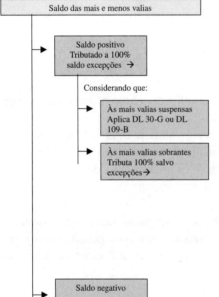

Assim, as alterações introduzidas pelo novo regime de tributação das mais e menos-valias, instituído pela Lei n.º 32-B/2002, podem resumir-se nos seguintes pontos:

1. As menos-valias detidas por período inferior a 3 anos e adquiridas ou transmitidas a entidades com as quais se mantém relações especiais ou com um regime de tributação mais favorável ou adquiridas a residentes com regime especial de tributação, ou se a entidade alienante resultou de transformação de sociedade à qual se aplicasse um regime diferente, não são aceites como custos e, como tal, não concorrem para a formação do lucro tributável (n.º 5, 6 e 7 do art. 23.º do CIRC).

2. As menos-valias que não cumpram os requisitos dos n.º 5, 6 e 7 do art. 23.º do CIRC e as mais-valias relevam fiscalmente.

3. Apurado o saldo das mais e menos-valias:
   - Se o saldo for positivo é tributado a 100% excepto quando:
     - o valor de realização for reinvestido e a participação seja detida por mais de 1 ano e em percentagem superior a 10% ou o valor superior a 20.000.000€ e que a nova participação adquirida se mantenha por 1 ano e que a aquisição ou transmissão não tenha sido efectuada com entidades sujeitas a regime mais favorável ou com a qual exista relações especiais. Nestas situações o saldo é tributado em 50% (n.º 4 do art. 45.º);
     - As mais-valias de participações detidas por período igual ou superior a 1 ano não concorrem para a formação do lucro tributável. Esta disposição não se aplica às mais-valias quando as partes de capital detidas pela alienante por período inferior a 3 anos sejam adquiridas a entidades com relações especiais, com regime de tributação mais favorável ou sujeito a regime especial de tributação, ou se a sociedade resultou de transformação de sociedade à qual se aplicasse um regime diferente (n.º 2 e 3 do art. 31.º do EBF);
   - As mais-valias suspensas aplica-se a Lei n.º 30-G/2000 (diferimento por 5 anos desde que exista reinvestimento) ou a Lei n.º 109-B/2001 (tributação de 50%)
   - As mais-valias sobrantes tributa-se a 100%, excepto nas excepções determinadas nos art.º 31.º do EBF e art. 45.º do CIRC, identificadas atrás.

62 *A Tributação das Mais-Valias Realizadas na Transmissão Onerosa em SGPS*

- Se o saldo for negativo:
  - A diferença negativa concorre para a formação do lucro tributável apenas por metade do seu valor (n.º 3 do art. 42.º);
  - As menos-valias de participações detidas por período igual ou superior a 1 ano não concorrem para a formação do lucro tributável (n.º 2 do art. 31.º do EBF)

8.4. *Encargos financeiros à luz do novo regime*

O art. 31.º do Estatuto dos Benefícios Fiscais vem determinar que as mais e menos-valias obtidas pela alienação de empresas detidas pelas SGPS por período igual ou superior a 1 ano, bem como os encargos financeiros não concorrem para a formação do lucro tributável.

No entanto, a Lei n.º 32-B/2002 de 30 de Dezembro, introduziu normas especiais anti-abuso, nomeadamente através do n.º 3.º do art. 31.º do EBF, determinando que concorrem para a formação do lucro tributável as mais-valias realizadas e os encargos financeiros suportados quando as participações, detidas por período inferior a 3 anos e tiverem sido adquiridas a entidades, com as quais existam relações especiais, sujeitas a um regime especial de tributação ou sujeitas a um regime de tributação mais favorável, ou caso a alienante resultar de transformação de sociedade de qualquer outro tipo que não de capital de risco em SGPS e não tenha decorrido um período mínimo de 3 anos entre a transformação e a alienação.

Assim, de acordo com as alterações introduzidas, apenas no caso em de se verificarem as condições previstas nos n.º 2 e do n.º 3 do art. 31.º do EBF, tendo a participação sido detida por período inferior a 1 ano ou a 3 anos (nas circunstâncias descritas no parágrafo anterior), é que os encargos financeiros concorrem para a formação do lucro tributável.

8.5. *Conclusões sobre o novo regime*

Como se verifica do exposto nos sub-capítulos anteriores, a legislação a aplicar ao caso concreto de alienação de participações, depende de situações como o prazo de detenção das participações, tipo de sociedades a quem foram adquiridas as participações, tipo de sociedades a quem serão transmitidas as participações e intenções de reinvestimento dos valores de realização.

Assim, para efeitos da determinação do regime fiscal aplicável às mais e menos-valias realizadas com a alienação de participações sociais e da dedutibilidade ou não dos encargos financeiros suportados com a aquisição dessas participações, deverá efectuar-se uma análise casuística de cada operação, nomeadamente quanto ao prazo de detenção da participação, tipo de sociedade a quem se adquiriu e transmitiu a participação, para consequente consideração das mais-valias e menos-valias e encargos financeiros de acordo com o respectivo enquadramento legal (art. 31.º do EBF ou art. 23.º, 42.º ou 45.º do Código do IRC).

De seguida apresentam-se 2 fluxogramas que evidenciam a distinção entre os casos de participações detidas por período superior ou inferior a 1 ano, determinando o tratamento fiscal a dar às mais e menos-valias e encargos financeiros em cada uma das situações.

Para partes de capital detidas por períodos superiores a 1 ano:

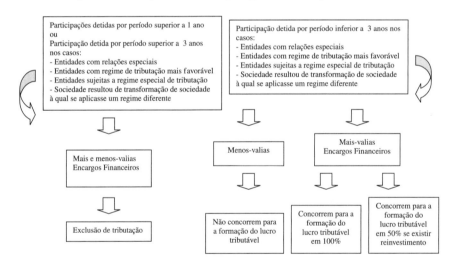

Para participações detidas por período inferior a 1 ano, tem-se:

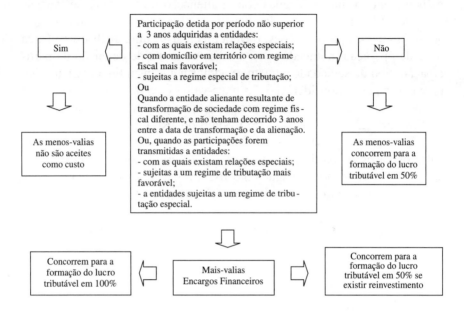

9. Análise crítica do novo regime (LOE 2003)

9.1. *Breve introdução*

O regime aplicável até 2003, previa o diferimento ou exclusão da tributação da diferença positiva entre mais e menos-valias, considerando, assim, as menos-valias para a formação do lucro tributável.

A partir desta data, as menos-valias deixam de concorrer para a formação do lucro tributável, excepto nas situações de detenção de participações inferior a 1 ano, caso em que se aplica o regime geral previsto no CIRC.

À primeira vista, pode deduzir-se que o regime actual se revela mais penalizador que os anteriores, uma vez que para efeitos de determinação do lucro tributável são potencialmente tributadas as mais-valias, sendo que as menos-valias realizadas não concorrem para a formação desse lucro tributável.

Aparentemente, as empresas que apresentam uma mais-valia líquida, ficam beneficiadas, sendo estas excluídas de tributação, independentemente da existência ou não de reinvestimentos.

No entanto, as empresas que apresentam um saldo entre mais e menos-valias negativo vêem negada a possibilidade de inclusão do mesmo na determinação do lucro tributável.

Em termos de regras gerais, tem-se:

Empresas	Antigo regime	Novo regime
Mais valia liquida positiva	Diferimento ou exclusão da tributação	Possível exclusão da tributação
Mais valia liquida negativa	A menos -valia concorre para a formação do lucro tributável	A menos valia não concorre para a formação do lucro tributável

Assim, tendo em conta o panorama geral da economia portuguesa este regime poderá conduzir a consequências gravosas.

Exemplo prático ilustrativo:

Em 2003, a Sociedade Alfa aliena as seguintes participações:

Adquiridas a:	Transmitidas a:	Titularidade de acordo com os n.º 2 e 3 do art. 31º do EBF	Mais-Valia	Menos-Valia
Sociedade X		Mais de 1 ano	6.000€	
Sociedade Y		Mais de 1 ano		10.000€
Sociedade V		Mais de 1 ano		7.000€
Sociedade U	Sociedade T	Mais de 3 anos	13.000€	
Sociedade Z		Menos de 1 ano		12.000€
Sociedade W		Menos de 1 ano		16.000€

Acresce-se que:
- Foi contraído um empréstimo na aquisição de participação na Sociedade Y, que venceu juros de 500€;
- A Sociedade T é residente no Mónaco;
- As participações nas Sociedades X, Y e Z foram adquiridas à Sociedade Beta detida pelos mesmos sócios.

Em termos reais, e somando aritmeticamente as mais e menos-valias realizadas com a alienação das participações, a SGPS apresenta uma mais-valia líquida de:
+ 6.000€ – 10.000€ – 12.000€ -16.000€ – 7.000€ + 13.000€ = – 26.000€.

Este será o valor do prejuízo real da Sociedade Alfa no exercício de 2003.

No entanto, a tributação não irá considerar:
- A menos-valia realizada na Sociedade Y de -10.000€ (n.º 2 e 3 d art.º 31.º do EBF), uma vez que se trata de relações especiais;
- A menos-valia realizada na Sociedade Z de -12.000€, por ter sido detida por menos de 1 ano, a entidade com a qual existe relações especiais;
- A menos-valia realizada na sociedade V de -7.000€, por as participações serem detidas há mais de 1 ano;
- A mais-valia realizada com a Sociedade U de 13.000€, por ser detida há mais de 3 anos;

E considera:
- A mais-valia da Sociedade X de 6.000€, devido à existência de relações especiais;

- Os juros suportados com aquisição da participação em Y, de -500€;
- A menos-valia da Sociedade W de -16.000€, por ser detida há menos de 1 ano.

De acordo com o novo regime, a mais-valia líquida apurada ascende a -10.000€.

Nos termos do art.º 42.º do CIRC, só é considerada para o apuramento do lucro tributável, metade da diferença entre mais e menos-valias, ou seja -5.000€.

Na prática, a sociedade teve prejuízos no valor de 26.000€, mas apenas irá incluir no apuramento do lucro tributável o valor negativo de 5.000€, verificando-se que não se encontra a ser tributada pelo seu lucro (leia-se prejuízo) real.

Assim, conforme demonstração prática acima representada, pode concluir-se que, as empresas que apresentem prejuízos, ficam, na generalidade, prejudicadas com as alterações introduzidas pelo novo regime.

9.2. *As tipologias de normas*

Antes de se proceder a analise das alterações introduzidas pela LOE 2003, nos vários artigos, e para se perceber que normas imperam sobre outras, há que distinguir entre as várias tipologias de normas jurídicas.

Dentro das normas jurídicas podem distinguir-se 3 tipos, quanto ao regime:
- Normas gerais, que se aplicam à generalidade dos factos ou das situações;
- Normas especiais, que acrescentam ou pormenorizam o que foi determinado nas normas gerais, aplicando-se apenas a determinados factos ou situações;
- Normas excepcionais, que determinam um enquadramento legal oposto ao regime geral, referindo a certos factos ou situações de determinada espécie.

As normas podem distinguir-se ainda quanto ao elenco de destinatários, entre normas comuns e particulares. As normas comuns aplicam-se a um conjunto universal de destinatários e as normas particulares estabelecem princípios para um determinado grupo de sujeitos.

68 *A Tributação das Mais-Valias Realizadas na Transmissão Onerosa em SGPS*

Geralmente, as normas comuns são normas gerais, enquanto que as normas particulares revestem, normalmente, a natureza de normas especiais ou excepcionais.

Vejamos agora, como estas tipologias se aplicam ao regime de tributação das mais-valias obtidas pelas SGPS a partir de 2003.

Os art. 3.º, 15.º, 17.º, 18.º, 20.º, 43.º e 44.º representam normas gerais comuns, determinando que o saldo positivo de mais e menos-valias fiscais e tributado à taxa aplicável ao sujeito passivo e que o saldo negativo é dedutível.

O n.º 3 do art. 42.º do CIRC, que determina que o saldo negativo de mais e menos-valias e dedutível apenas em 50% do seu valor, representa uma norma excepcional comum.

Os n.º 5, 6 e 7 do art. 23.º do CIRC, que determinam que a menos valia resultante da alienação das participações adquiridas a certas entidades, da alienação das participações a certas entidades ou da alienação das participações efectuadas por entidades decorrentes de transformação, não é considerada custo fiscal, representa uma norma excepcional comum.

O art. 45.º do CIRC, que determina a possibilidade do saldo positivo de mais e menos-valias concorrer apenas em 50% para o apuramento do lucro tributável, desde que exista revestimento, representa uma norma excepcional comum.

Os benefícios fiscais determinam excepções ou desvios ao sistema de tributação geral, estabelecendo uma atenuação ou eliminação excepcional da tributação.

Assim, o art. 31.º do EBF, que se aplica apenas às mais e menos-valias obtidas por SGPS ou SCR e encargos financeiros, é uma norma excepcional particular.

As normas excepcionais prevalecem sobre as restantes.

No entanto, no objecto em análise, não sendo possível a aplicação das normas excepcionais particulares constantes no art. 31.º do EBF, aplica-se a norma excepcional comum do art.º 23.º do CIRC e das normas excepcionais comuns dos art. 42.º e 45.º do CIRC. Apenas, posteriormente, se recorrerá às normas gerais comuns constantes nos restantes artigos do CIRC.

Ou seja, para além das normas excepcionais particulares, as SGPS, enquanto sujeito passivo de IRC, encontram-se sujeitas às normas gerais comuns e às normas excepcionais comuns.

9.3. *O regime de tributação das mais-valias no caso de reinvestimento (art. 45.º do CIRC) e a sua articulação com o art. 31.º do EBF*

Como vimos nos capítulos anteriores, o n.º 2 do art. 31.º determina que as mais e menos-valias e encargos financeiros obtidos com a alienação de partes sociais, detidas há mais de um ano, não concorrem para a formação do lucro tributável.

Em contrapartida, o art. 45.º do CIRC estatui que a diferença positiva de mais e menos-valias concorrerá para a formação do lucro tributável em 50% desde que exista reinvestimento dos valores de realização.

A aplicabilidade do art. 31.º do EBF prescinde da existência de qualquer reinvestimento dos valores de realização obtidos com a alienação de participações sociais, ao invés do art. 45.º que pressupõe a existência do mesmo, para que a diferença positiva entre mais e menos-valia concorra apenas em 50% para a formação do lucro tributável.

No caso da SGPS aplicar o produto da alienação, noutras participações sociais, gera-se uma "contradição" aparente entre os 2 artigos. Deverão aplicar-se as regras definidas no art.º 31.º do EBF e, portanto, isentar a mais-valia de tributação ou devera aplicar-se a regra do art.º 45.º do CIRC e tributa-la em 50%?

Nao é pelo facto de existir reinvestimento dos valores de realização que o artigo 31.º do EBF não se aplica, pois nada refere a este respeito, mas apenas requisitos quanto ao prazo de detenção e ao objecto da SGPS. De acordo com este artigo, a mais-valia obtida com a alienação de partes sociais por uma SGPS, detida por período superior a 3 anos, ainda que não exista reinvestimento, será excluída de tributação.

O regime definido no art. 31.º do EBF representa um regime especial, aplicável apenas as Sociedades Gestoras de Participações Sociais ou Sociedade de Capital de Risco, por oposição ao regime do art. 45.º do CIRC que é aplicável a todos os sujeitos passivos de IRC.

Tratando-se as normas do artigo 31.º do EBF de normas excepcionais, impera a sua prevalência relativamente as normas gerais do CIRC, nomeadamente, à regra definida no art. 45.º.

9.4. *A tributação das menos-valias – art. 23.º e 42.º do CIRC*

A nova redacção dos n.º 5 a 7 do art. 23.º vem determinar a não dedutibilidade das perdas resultantes da alienação de participações sociais por limitações relacionadas com a aquisição (n.º 5), por modificações do regime fiscal aplicável à sociedade titular das participações (n.º 6) e por limitações relacionadas com a alienação (n.º 7).

Por outro lado, o art. 42.º limita a dedutibilidade da diferença negativa entre mais e menos-valias realizadas a 50%.

Como conciliar a não dedutibilidade prevista no art. 23.º com a dedutibilidade de 50% do saldo negativo das menos-valias prevista no art. 42.º?

O regime previsto no art.º 42.º é especial em relação ao regime da dedutibilidade de custos previsto no art. 23.º, pelo que aquele deverá prevalecer sobre este regime geral. Assim, poderíamos concluir que mesmo que se verificassem as limitações descritas no art. 23.º, a dedutibilidade das perdas poderia ser efectuada a 50%. No entanto, esta conclusão não conduz a uma interpretação lógica e harmoniosa do sistema fiscal.

Outra solução consistiria em considerar que as menos-valias, sendo consideradas um custo fiscal nos termos no n.º 1 do art. 23.º do CIRC, deverão, à luz dos n.º 5 a 7 do art. 23.º ser consideradas não dedutíveis pela totalidade.

É nosso entendimento que, apurado o saldo de menos-valias, apenas se não se encontrarem preenchidos os requisitos previstos nos números 5 a 7 do art. 23.º, poder-se-à aplicar o disposto no art. 42.º do CIRC.

Por outro lado, à luz do n.º 7 do art. 23.º do CIRC, a empresa que alienar participações sociais tem que "investigar" a caracterização fiscal dos potenciais adquirentes, procurando identificar as situações de "regime especial de tributação" que possam envolver a empresa.

A referência a regime especial de tributação vem também mencionada no n.º 5 do mesmo artigo, sendo que não existe uma definição legal clara acerca do que se considera regime especial de tributação.

A doutrina administrativa, considerou na Circular 3/2001, da DGCI, concretizada na definição do âmbito de exclusão subjectivo do regime simplificado (n.º 1 do art. 53.º do CIRS) como *"regime especial de tributação o regime de tributação dos grupos de sociedades previsto nos art. 59.º a 60.º do CIRC e o regime de transparência fiscal"*.

De acordo com Fernando Castro Silva[22], sempre que não se encontre definido na Lei o regime especial, deve considerar-se o conjunto de regras que significam um afastamento do regime geral de tributação. Assim, poder-se-ia considerar como regime especial de tributação, o regime decorrente das isenções dos art. 9.º e 10.º do CIRC, os regime de tributação dos fundos de pensões (art. 14.º do EBF), dos fundos de investimento (art. 22.º do EBF), das SGPS (art. 31.º do EBF), das entidades residentes nas Zonas Franca da Madeira e ilha de Santa Maria (art. 33.º do EBF).

Segundo Rui Camacho Palma[23], será plausível deduzir que o legislador quereria referir-se aos regimes de efectiva exclusão ou isenções de tributação e, eventualmente, de redução de taxa, com particular ênfase nas regras privativas das Zonas Francas da Madeira e de Santa Maria, aplicáveis às entidades alienantes.

Segundo Tiago Caiado Guerreiro[24], podem vislumbrar-se 2 interpretações: uma interpretação literal, que aponta para a consideração de regimes especiais aqueles que se encontram definidos na lei fiscal, nomeadamente o regime especial de tributação estabelecido no art. 63.º e seguintes do CIRC e o regime definido no art. 34.º do EBF, aplicável às empresas da Zona Franca da Madeira. Ou, segundo uma interpretação mais ampla, pode-se entender qualquer regime regulamentado em lei especial, como o regime de transparência fiscal, o regime simplificado, o regime de tributação das SGPS e SCR e todos os que consubstanciem uma isenção total ou parcial de IRC.

Surge uma outra questão relacionada com as menos-valias realizadas após 1 de Janeiro de 2003, mas para as quais se tenha procedido, em exercícios anteriores à constituição de provisões, existindo, assim, na empresa, uma repercussão contabilística e fiscal.

O Despacho do SBDG de 9 de Agosto 2005[25], vem esclarecer esta questão considerando que, com a entrada em vigor da Lei n.º 32-B/2002,

---

[22] *IRC – OE 2003 – Dedutibilidade das perdas com a transmissão de partes de capital*, in Fisco n.º 111/112, LEX.

[23] *Algumas questões em aberto sobre o regime de tributação das SGPS* in Fisco n.º 115/116, LEX.

[24] O Novo regime fiscal das sociedades gestoras de participações sociais, Vida Económica, 2003.

[25] Os detalhes sobre o referido Despacho podem ser consultados em Anexo.

de 30 de Dezembro, são desconsideradas como custo fiscal as menos-
-valias realizadas pelas SCR e SGPS, após aquela data, independentemente de terem sido constituídas provisões.

9.5. *A dedutibilidade dos encargos financeiros a luz do novo regime de tributação*

O art. 31.º do Estatuto dos Benefícios Fiscais vem determinar que
as mais e menos-valias obtidas pela alienação de empresas detidas pelas
SGPS por período igual ou superior a 1 ano, bem como os encargos
financeiros não concorrem para a formação do lucro tributável.

No entanto, foram introduzidas normas especiais anti-abuso, determinando que concorrem para a formação do lucro tributável as mais-
-valias realizadas e os encargos financeiros suportados com determinadas
participações (n.º 3.º do art. 31.º do EBF).

No entanto, o novo regime deixa algumas questões em aberto como,
o conceito de encargos financeiros, a forma de alocação dos encargos
financeiros ou a sua aplicação temporal do regime.

9.5.1. *Alcance do conceito*

A lei não esclarece o conceito de encargos financeiros suportados
com a aquisição de participações. Em princípio, refere-se aos juros suportados de empréstimos contraídos para aquisição de partes de capital em
que obtiveram ganhos ou perdas na alienação.

A alínea c) do n.º 1 do art. 23.º determina que deverão ser considerados custos ou perdas os *"encargos de natureza financeira, como juros
de capitais alheios aplicados na exploração, descontos, ágios, transfe-
rências, diferenças de câmbio, gastos com operações de crédito, cobran-
ça de dívidas e emissão de acções, obrigações e outros títulos e prémios
de reembolso."*

Saldanha Sanches[26] salientou o facto do conceito de custo, à semelhança de outros, ser um conceito proveniente da Economia, sendo posteriormente acolhido pelo Direito Fiscal. Neste sentido não pode ser
objecto de uma clara definição legal.

---

[26] *Manual de Direito Fiscal*, Lex, 1998.

Análise crítica do novo regime (LOE 2003)

A doutrina prevê a existência de 2 requisitos para que um custo contabilístico seja considerado custo fiscal: a justificação e a indispensabilidade.

António Moura Portugal[27], entende que deve ser acrescido um terceiro factor: a ligação aos ganhos sujeitos a imposto.

A comprovação ou justificação do custo, referida no n.º 1 do art. 23.º do CIRC remete para o suporte documental da contabilização dos respectivos custos, sendo o meio de prova generalizadamente aceite, a factura. O conteúdo e elementos que devem constar nos documentos fiscalmente validos (factura ou equivalente) encontram-se referidos no n.º 5 do art. 35.º do Código do Imposto sobre o Valor Acrescentado (CIVA).

Relativamente, ao segundo factor mencionado no mesmo numero – a indispensabilidade – esta remete para todos os custos necessários ao processo produtivo. No entanto, no entender de alguns autores, esta deverá também remeter para todos os encargos a que se esteja legalmente obrigado. De acordo com a definição de Tomas Tavares[28], a dedutibilidade fiscal do custo deve existir quando as operações da sociedade se insiram na sua capacidade, sujeito ao seu objecto social, e se relacionem com a obtenção de lucro de forma indirecta ou mediata.

Relativamente à relação entre custos e proveitos sujeitos a imposto, esta remete para o art. 23.º do CIRC que exprime que *se determinados custos estão relacionados com proveitos não sujeitos a imposto não são fiscalmente dedutíveis"*.

Deste modo, o art. 23.º do CIRC determina que são considerados custos fiscais todos os gastos efectivamente realizados, contabilizados e que preencham os requisitos legais.

Conforme António Moura Portugal, explicita, os custos fiscais aceites são fiscalmente dedutíveis se:
* Efectivos;
* Devidamente contabilizados;
* Obedecerem a critérios de imputação temporal;
* Comprovados ou justificados;
* Indispensáveis;

---

[27] *A dedutibilidade dos custos na Jurisprudência Fiscal Portuguesa,* Coimbra Editora, 2004.

[28] *A dedutibilidade dos Custos em sede de IRC,* in Fisco, n.º 101/102.

74   *A Tributação das Mais-Valias Realizadas na Transmissão Onerosa em SGPS*

• Incorridos para obtenção de proveitos sujeitos a imposto;
• Não exista expressa na lei uma negação da sua dedutibilidade.

9.5.2. *A alocação dos encargos financeiros às participações das SGPS*

De notar, que nos encontramos perante sociedades que recorrem normalmente ao financiamento bancário, numa óptica de gestão de tesouraria integrada para emprestarem às suas participadas, situação permitida pelo seu regime jurídico.

O problema prático reside na dificuldade de distinção entre quais os encargos financeiros que foram efectivamente suportados com a aquisição de participações sociais dos restantes encargos, como sejam, o recurso a financiamento junto da banca para outras finalidades, em que os encargos financeiros são considerados como custos fiscalmente dedutíveis.

Pode suceder que o endividamento não tenha sido contraído especificamente para a aquisição de participações sociais, não existindo entre estas 2 partes, uma correspondência directa.

Como avança Tiago Caiado Guerreiro[29], deverão ser definidos os recursos financeiros da SGPS e discriminadas e justificadas as suas aplicações, para evitar confrontos com a Administração Fiscal.

A Circular 7/2004 de DSIRC[30] vem determinar que, dada a dificuldade de utilização, nesta matéria, de um método de afectação directa ou específica e à possibilidade de manipulação que o mesmo permitiria, a imputação deverá ser efectuada com base numa fórmula que atenda ao seguinte: os passivos remunerados das SGPS e SCR deverão ser imputados, em primeiro lugar, aos empréstimos remunerados por estas concedidos às empresas participadas e aos outros investimentos geradores de juros, afectando-se o restante aos restantes activos, nomeadamente participações sociais, proporcionalmente ao respectivo custo de aquisição.

9.6. *Aplicação temporal do novo regime (LOE 2003)*

Quando uma lei é revogada por outra, levanta-se o seguinte problema: que lei deve regular as relações jurídicas que, nascidas à sombra de uma

---

[29] *O novo regime fiscal das SGPS*, Vida Económica, 2003.
[30] O detalhe sobre esta Circular poderá ser visualizado em Anexo.

lei antiga, ainda se mantêm aquando da entrada em vigor da lei nova? Deverá aplicar-se a lei nova, uma vez que é a que vigora no momento, ou deverá aplicar-se a lei antiga, por ser a que serviu de base à relação jurídica existente?

A este problema dá-se o nome de conflito de leis no tempo, vulgarmente denominado, problema da retroactividade das leis.

Por forma a garantir justiça e segurança aos cidadãos, desde há muito tempo que o Direito tem adoptado o princípio da não retroactividade das leis, sendo a retroctividade das leis fiscais proibida pela Constituição da República Portuguesa.

Perante 2 leis que se sucedem no tempo, como saber qual das 2 deve ser aplicada ao caso concreto?

Segundo o Prof. Marcelo Rebelo de Sousa e Sofia Galvão[31], deverão ser considerados 4 factores:

1. Saber se a lei se situa no domínio no qual seja proibida a sua aplicação a factos do passado, recorrendo à Constituição, nomeadamente, no n.º 3 do art. 103.º, que determina a não retroactividade da lei em matéria fiscal, nomeadamente, *"ninguém pode ser obrigado a pagar impostos (...) que tenham natureza retroactiva"*;

2. Se a lei se insere num domínio de permissão da retroactividade, dever-se-á interpretar a lei por forma a averiguar se a mesma pretende aplicar-se a factos do passado. Há que atender às "disposições transitórias ou, se na falta destas, se no sentido da lei é possível atribuir-lhe eficácia retroactiva;

3. Determinar se não existe um critério próprio do ramo do direito em que a lei se integra que aponte para a sua retroactividade;

4. Se a lei não visa a aplicação retroactiva e se no domínio na qual se integra nada aponta para a sua aplicação, ela só dispõe para o futuro, conforme definido no art. 12.º do Código Civil.

9.6.1. *Mais e menos-valias obtidas com a transmissão de participações sociais – art. 31.º do EBF, art. 23.º, 42.º e 45.º do CIRC*

A questão que se coloca neste capítulo é se as regras impostas pelos n.º 2 e 3 do art. 31.º do EBF, art. 23.º, 42.º e 45.º do CIRC se aplicam

---

[31] *Introdução ao estudo do Direito*, Lex, 2000.

aos factos decorridos após 1 de Janeiro de 2003, ainda que as relações que lhes deram origem remetam a momentos anteriores ao da aplicação da nova lei.

O n.º 2 do art. 31.º do EBF determina a desconsideração das mais e menos-valias apuradas com a transmissão de partes sociais quando detidas por período não inferior a 1 ano.

O n.º 2 do art. 12.º da Lei fundamental que determina que se *"a lei dispuser directamente sobre o conteúdo de certas relações jurídicas, abstraindo dos factos que lhes deram origem, entender-se-à que a lei abrange as próprias relações já constituídas, que subsistam à data da sua entrada em vigor"*.

A primeira vista, a estatuição do n.º 2 do art. 31.º, ao determinar apenas o período mínimo de detenção das participações, parece abstrair dos factos que lhe deram origem, o que significa, à luz do n.º 2 do art. 12.º da Lei Fundamental, que a lei irá abranger as relações jurídicas já constituídas antes da sua entrada em vigor mas que prevalecem após 1 de Janeiro de 2003.

No entanto, apesar do n.º 2 não incluir qualquer referência aos factos que originaram a aquisição das participações pelas SGPS, não significa que se abstraia dos mesmos.

Cada norma jurídica é parte integrante de toda uma estrutura, pelo que o n.º 2, analisado em conjunto com o n.º 3, poderá conduzir-nos a uma conclusão diferente.

O n.º 3 do art. 31.º estipula um prazo mínimo de detenção de 3 anos e o tipo de entidades às quais as participações tenham sido adquiridas (a entidades relacionadas, sujeitas a tributação privilegiada, ou quando haja modificação da sociedade alienante). Assim, neste caso, as estatuições impostas parecem não abstrair dos factos que lhes deram origem, sendo que o facto ainda domina a relação jurídica presente.

Assim, através da conjugação dos 2 artigos, poderá inferir-se que o n.º 2 do art. 31 do EBF concentra-se na transmissão de participações detidas por SGPS que não tenham sido adquiridas a entidades com relações especiais ou sujeitas a tributação privilegiada, pelo que a relação jurídica se encontra dominada pelos factos que a originaram.

Segundo esta linha de pensamento, o novo regime não deveria aplicar-se no caso de relações jurídicas já constituídas, ainda que os factos delas resultantes ocorram após o início da vigência da lei. Segundo este raciocínio, as mais-valias resultantes da transmissão de participações adquiridas em data anterior a 1 de Janeiro de 2003, seriam tributadas à luz do anterior regime.

E relativamente à aplicação temporal dos n.º 5 e 6 do art. 23.º do CIRC, deverá a limitação das perdas com a transmissão onerosa de partes de capital aplicar-se apenas a participações adquiridas após 1 de Janeiro de 2003, ou também as que foram adquiridas em data anterior e transmitidas após 1 de Janeiro de 2003?

Levanta-se, mais uma vez, o princípio da não retroactividade da lei, que determina que a lei determina apenas para factos futuros, não se aplicando a situações passadas.

Segundo a abordagem que tem sido apresentada, as normas deverão apenas aplicar-se à transmissão de partes sociais cuja aquisição tenha ocorrido após a entrada em vigor da LOE 2003, sob pena, de uma interpretação contrária violar o princípio da retroactividade das leis, contrariando o estipulado no da Constituição da República Portuguesa. Assim sendo, a não consideração das menos-valias enquanto custos fiscais, e, portanto, a sua não concorrência para o apuramento do lucro tributável, seria apenas aplicável para menos-valias realizadas com participações adquiridas após a entrada em vigor da LOE 2003.

E ainda, na eventualidade de considerar a aplicação da nova norma fiscal a participações adquiridas em data anterior à da sua entrada em vigor, devem as condições da aquisição ser qualificadas à luz da lei nova ou da lei existente aquando da aquisição? Por exemplo, a existência de relações especiais deverá ser considerada à luz das definição legal do art. 58.º ou à luz do que se considerava "relações especiais" à data da aquisição da participação?

Mais uma vez ocorre um problema de retroactividade da lei fiscal, nomeadamente numa situação de uma participação adquirida a uma entidade com a qual existam relações especiais, em 2001, sendo que o art. 58.º do CIRC apenas entrou em vigor em 1 de Janeiro de 2002.

No entender de Rui Camacho Palma, e ao abrigo do n.º 3 do art. 103.º da Lei Fundamental (*"ninguém pode ser obrigado a pagar impostos (...) que tenham natureza retroactiva"*), interessa distinguir se aplicação retroactiva da lei implica que os contribuintes paguem imposto com natureza retroactiva.

Ora, no caso das mais-valias, em caso de não reinvestimento, a mais-valia era tributada em 100% no regime anterior, mantendo-se a situação

78 A Tributação das Mais-Valias Realizadas na Transmissão Onerosa em SGPS

igual no actual regime ou podendo ser excluída de tributação nalguns casos, donde se pode concluir que a aplicação da nova lei não se traduz num agravamento de impostos para o sujeito passivo. No caso de reinvestimento e de uma participação detida por período inferior a 1 ou 3 anos, a SGPS poderá continuar a beneficiar de uma redução da tributação para 50%, tal como no regime precedente.

Segundo o anterior regime, existindo uma menos-valia, esta era totalmente dedutível, sendo que agora passará a ser não dedutível ou dedutível em 50%, o que, neste caso, se traduz num tratamento adverso para o contribuinte, segundo Rui Camacho Palma.

Segundo este autor, e com base nos vários preceitos legais existentes nomeadamente no art.º 12.º do Código Civil e no n.º 3 do art. 103.º da Lei Fundamental, podem extrair-se as seguintes conclusões:

- Mais-valias: são excluídas de tributação a partir de 1 de Janeiro de 2003, desde que se verifiquem os requisitos do n.º 2 e n.º 3 do art. 31.º do EBF;
- Menos-valias: metade do seu valor é imediatamente não dedutível e apenas não é dedutível a outra metade, no caso de menos-valias que resultem da transmissão onerosa de partes de capital adquiridas a entidades relacionadas ou sujeitas a tributação privilegiada, se a aquisição se tiver efectuado após 1 de Janeiro de 2003.

O n.º 2 do art. 12.º do Código Civil determinar que "*A lei só dispõe para o futuro; ainda que lhe seja atribuída eficácia retroactiva, presume--se que ficam ressalvados os efeitos já produzidos pelos factos que a lei se destina a regular*". No entanto, apesar deste artigo dar corpo ao princípio da não retroactividade da lei fiscal, não proíbe toda a retroactividade legal.

No entanto, e contra toda a toda a argumentação exposta nesta capítulo, é entendimento da Administração fiscal que as mais e menos-valias ocorridas após 1 de Janeiro de 2003, ainda que respeitem a participações adquiridas antes dessa data, deverão ser tributadas à luz do novo regime instituído pela LOE 2003.

9.6.2. *Aplicação temporal do novo regime aos encargos financeiros*

No que refere ao início da vigência do novo regime, de acordo com as regras de início de vigência das leis, na ausência de expressa indicação, a lei vigora após a sua entrada em vigor.

No entanto, relativamente à aplicação temporal da dedutibilidade dos juros, não existindo nenhum indicação explícita da mesma, levantam-se algumas questões, que se apresentam de seguida:
- A regra da não dedutibilidade aplica-se a juros já vencidos antes de 1 de Janeiro de 2003?
- A regra da não dedutibilidade aplica-se aos juros vencidos após 1 de Janeiro de 2003, mesmo que respeitem a financiamentos contraídos antes dessa data?

Relativamente à 1ª questão, a possibilidade da novo regime se aplicar a juros anteriores à da sua entrada em vigor, colidiria de imediato com o princípio da não retroactividade da lei, pelo que a não dedutibilidade dos juros apenas vigora para juros vencidos após a 1 de Janeiro de 2003.

A 2ª questão coloca-se porque os juros em análise, apesar de respeitarem a vinculações contratuais já existentes, vencem-se em momento posterior ao da vigência da lei.

Exemplo:

Participação adquirida em Junho de 2001, para a qual foi contraído financiamento, cujos juros vencem semestralmente.

Que tratamento fiscal dar aos juros vencidos após 1 de Janeiro de 2003?

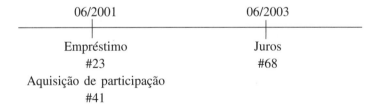

De acordo com o entendimento de Rui Camacho Palma[32], uma vez que os juros vencidos após 1 de Janeiro de 2003, ao abrigo de contratos contraídos em data anterior, se encontram dominados pelos factos que

---

[32] *Algumas questões em aberto sobre o regime de tributação das SGPS*, in Fisco n.º 115/116.

lhes deram origem (o financiamento da aquisição de participações sociais), a sua sujeição ao novo regime constituiria uma aplicação retroactiva de uma norma de incidência fiscal, violando a proibição constitucional do n.º 3 do art. 103.º da Lei Fundamental (*"ninguém pode ser obrigado a pagar impostos (...) que tenham natureza retroactiva"*).

Para esta conclusão, para alem dos preceitos legais enunciados, baseia-se no n.º 2 do art. 12.º da Lei fundamental que determina que se *"a lei dispuser directamente sobre o conteúdo de certas relações jurídicas, abstraindo dos factos que lhes deram origem, entender-se-à que a lei abrange as próprias relações já constituídas, que subsistam à data da sua entrada em vigor"*. Uma vez que a regra de não dedutibilidade dos juros prevista nos n.º 2 e 3 do art. 31.º do EBF não abstrai dos factos que originaram os referidos juros, encontrando-se estes dominados pelos factos que os originaram (empréstimos contraídos) a nova lei não poderá abranger as relações jurídicas existentes antes da sua entrada em vigor, não se aplicando a nova regra aos juros de financiamentos contraídos em data anterior a 1 de Janeiro de 2003.

No entanto, apesar de, em matéria de direito fiscal, vigorar o princípio da não retroactividade da lei, o nosso entendimento baseado na experiência profissional vivida no acompanhamento de diversas empresas, consideramos que, uma vez que a lei se aplica aos *factos* ocorridos após a sua entrada em vigor, os juros vencidos após 1 de Janeiro de 2003 encontram-se, aparentemente, abrangidos pelo novo regime de não dedutibilidade.

A Administração Fiscal, veio confirmar, através da Circular 7/2004 da DSIRC, que este regime é aplicável aos encargos financeiros suportados nos períodos de tributação iniciados após 1 de Janeiro de 2003, ainda que respeitam a financiamentos contraídos antes daquela data.

9.6.3. Momento da definição do regime dos encargos financeiros

A questão que se coloca é saber se a regra da não dedutibilidade se aplica de imediato ou apenas quando se verificam as condições de que depende a exclusão das mais-valias que envolveram o recurso a financiamento, do qual decorrem juros.

A dificuldade sentida prende-se com o facto de, no final do exercício em que as participações foram adquiridas ainda não haver conhecimento, por parte da detentora, por quanto tempo se irá manter a sua titularidade.

Deste modo, não é possível ter conhecimento acerca da concorrência ou não para a formação do lucro tributável dos encargos financeiros suportados com a sua aquisição, uma vez que não é possível aferir a aplicação dos n.º 2 e 3 do art. 31.º do EBF, devido ao desconhecimento dos limites temporais.

Apenas depois de decorridos os prazos de 1 ano ou 3 anos, existe certeza quanto ao regime aplicável e à consideração ou não dos encargos financeiros como custos fiscais e concorrência para a formação do lucro tributável.

Assim, surge a dificuldade de saber como tratar estes custos, quando ainda não se conhece o regime a aplicar à mais-valia (ou menos-valia) das participações, por ainda não se puderem verificar os requisitos da exclusão da tributação e, consequentemente, da dedutibilidade dos juros.

A dúvida consiste em saber se se poderá considerar para efeitos fiscais, os juros do financiamento nos 2 primeiros, desconhecendo o regime que se irá aplicar ou poderão apenas ser deduzidos no ano em que se verificarem os pressupostos da exclusão da tributação da mais-valia.

Ainda relativamente a esta questão, um outro problema se levanta: de acordo com o princípio da especialização do exercício, os custos relativos a um determinado exercício, apenas poderão ser imputados a esse mesmo exercício. Assim, não existindo imputação dos juros do financiamento nos 2 primeiros anos, para dar cumprimento a este princípio, não poderão ser considerados em exercícios posteriores.

Segundo Despacho do Director-Geral dos Impostos, de 29 de Julho de 2003[33], "*Deverá proceder-se ao ajustamento fiscal do lucro tributável relativo aos encargos financeiros suportados com a aquisição de participações sociais que sejam susceptíveis de virem a beneficiar de regime especial estabelecido no n.º 2 do art. 31.º do EBF, independentemente de se encontrarem já reunidas todas as condições para a aplicação do regime especial de tributação das mais-valias aplicável às SGPS no exercício em que são incorridas*".

Ou seja, a não dedutibilidade dos juros deverá ser aplicada de imediato, mesmo que se encontrem reunidas as condições para a sua dedutibilidade.

---

[33] Os detalhes sobre o referido Despacho podem ser consultados no Capitulo 7 – Doutrina.

82   *A Tributação das Mais-Valias Realizadas na Transmissão Onerosa em SGPS*

Ainda acresce que, este efeito de não dedutibilidade poderá ser rectificado, se no exercício da alienação das participações, havendo lugar à tributação da mais-valia por não se verificarem os requisitos do regime que prevê a sua exclusão (art. 31.º do EBF), poderão ser deduzidos os juros incorridos no próprio exercício, bem como dos considerados em exercícios anteriores.

Esta estatuição é reafirmada na Circular n.º 7/2004 da DSIRC, vem esclarecer que, relativamente ao exercício em que deverão ser desconsiderados como custos, para efeitos fiscais, os encargos financeiros, deverá ser efectuada correcção fiscal dos custos que tiverem sido suportados com a aquisição de participações que sejam susceptíveis de virem a beneficiar do regime especial estabelecido no n.º 2 do art. 31.º do EBF, independentemente de se encontrarem já reunidas todas as condições para a aplicação do regime especial de tributação das mais-valias, no exercício a que os mesmos disserem respeito.

Apenas no momento da alienação das participações, verificando-se que não existem todos os requisitos para aplicação daquele regime, proceder-se-à à dedução no apuramento do lucro tributável do exercício, dos encargos financeiros que não foram considerados como custo em exercícios anteriores.

Pelo exposto, deverá considerar-se como regra, a não dedutibilidade dos encargos financeiros e, no momento da alienação da participação social, caso se verifiquem as condições previstas no n.º 3 do art. 31.º do EBF, efectuar-se às devidas correcções, considerando-se os encargos financeiros no apuramento do lucro tributável.

De acordo com o entendimento desta Circular, são desconsiderados os encargos financeiros suportados com a aquisição de participações sociais, como custos, para efeitos fiscais, no ano a que os mesmos dizem respeito e não no exercício da alienação das partes de capital, o que esbarra com o princípio contabilístico que determina a imputação de custos e proveitos no ano a que dizem respeito. O próprio art. 18.º do CIRC, que determina no n.º 1 que *"os proveitos e os custos, assim como as outras componentes positivas ou negativas do lucro tributável, são imputáveis ao exercício a que digam respeito, de acordo com o princípio da especialização dos exercícios."*

A solução consiste em considerar os encargos financeiros suportados com a aquisição de partes de capital como custo do exercício, ao abrigo do ponto 5.4.5. do POC que determina *"Sem prejuízo do princípio geral de atribuição dos juros suportados aos resultados do exercício, quando os financiamentos se destinarem a imobilizações, os respectivos custos poderão ser imputados à compra e produção das mesmas, durante o período em que elas estiverem em curso, desde que isso se considere mais adequado e se mostre consistente. Se a construção for por partes isoláveis, logo que cada parte estiver completa e em condições de ser utilizada cessará a imputação dos juros a ela inerentes."*

Em termos fiscais, desconsideram-se os juros como custo do exercício, efectuando-se a sua correcção no momento da alienação da participação.

Vejamos agora 2 casos, apresentados por Rui Camacho Palma, de situações que poderão revestir um carácter injusto na aplicação das normas do novo regime.

Caso 1

Imaginemos a situação de uma SGPS que adquire uma participação e a detenha permanentemente e sem intenção de proceder à sua alienação.

Se a SGPS nunca vier a beneficiar da exclusão de tributação da mais-valia apurada na transmissão (porque não irá efectuar essa transmissão), não poderá deduzir os juros incorridos no financiamento para possibilitar a sua aquisição, o que parece revestir uma situação injusta e não acautelada pela nova Lei.

Caso 2

Considere-se, por oposição, uma SGPS e uma sociedade com outro objecto social que adquirem uma participação com recurso a um financiamento de 5 anos.

No final do 2.º ano, a outra sociedade converte-se em SGPS, deixando de poder deduzir os juros do financiamento a partir do 3.º ano.

Ao fim de 5 anos, no final do prazo do empréstimo, ambas as sociedades alienam as suas participações, beneficiando da exclusão de tributação da mais-valia, concedida pela aplicação do novo regime.

A SGPS original viu desconsiderados 5 anos de imputação de juros, enquanto que a nova SGPS pôde deduzi-los nos 2 primeiros anos do financiamento.

10. Conclusões

O presente trabalho pretendeu transmitir uma imagem geral e actual da tributação das mais-valias e menos-valias obtidas na transmissão onerosa de partes de capital, no caso específico das SGPS.

A sua ambição original privilegiava a reunião e reflexão de informação publicada sobre o tema, conjugado com questões práticas e com mapas de trabalho inerentes à minha actividade profissional, e a análise e reflexão sobre algumas questões que se encontram em aberto em relação ao regime fiscal de tributação das mais e menos-valias e encargos financeiros neste tipo de sociedades.

No percurso de analise e tratamento do tema, foram expostos os vários regimes de tributação das mais-valias no caso das SGPS, dando-se especial ênfase ao regime actualmente em vigor, procurando identificar-se situações específicas relevantes e susceptíveis de duvidas na aplicação das novas regras impostas pela Lei n.º 32-B/2002.

Vimos que as SGPS beneficiaram ate ao final de 2000 de um regime de diferimento da tributação das mais-valias obtidas com a alienação da participações sociais, desde que o valor de realização fosse reinvestido ate ao final do 2.º exercício ao da alienação.

A Lei da Reforma Fiscal, veio introduzir importantes alterações neste regime, nomeadamente o diferimento das mais-valias, por 5 anos (no próprio exercício e nos 4 seguintes), por 1/5 do valor, no caso de existência de reinvestimento do valor de realização entre o exercício anterior e o final do 2.º exercício seguinte ao da alienação.

A Lei n.º 109-B/2001, veio determinar que seria excluída de tributação 50% da diferença positiva entre mais e menos-valias, se existisse reinvestimento do valor de realização.

Finalmente a Lei n.º 32-B/2002 estabeleceu a exclusão, em determinadas circunstancias, da dedutibilidade das menos-valias e juros suportados com a alienação de participações sociais.

86   *A Tributação das Mais-Valias Realizadas na Transmissão Onerosa em SGPS*

De acordo com a Lei actual e conforme definido no art.º 31.º do EBF, as mais e menos-valias e os encargos financeiros suportados com a alienação da partes de capital, detidas por um período não inferior a 1 ano não concorrem para a formação do lucro tributável, sem dependência de qualquer reinvestimento, sendo o prazo alargado para 3 anos, em determinadas situações, para as mais valias e dedutibilidade dos juros.

Não se aplicando os art.º 2 e 3 do art.º 31.º do EBF, aplicam-se as normas gerais constantes no CIRC, nos art.º 23.º, 42.º e 45.º, que determinam respectivamente, e mediante vários requisitos, a exclusão das menos-valias para o apuramento do lucro tributável, a consideração de 50% do saldo negativo entre mais e menos-valias e a consideração de apenas 50% do saldo positivo de mais e menos-valias.

Ou seja, a partir do exercício de 2003, as mais-valias realizadas podem ser excluídas, tributadas em 50% ou tributadas na totalidade, consoante a situação específica de cada participação alienada.

As menos-valias realizadas foram restringidas da sua dedução integral, afastando as empresas da tributação pelo rendimento real.

Os encargos financeiros suportados com a aquisição de participações, detidas por período superior a 1 ano, ou detidas por período superior a 3 anos, nos casos previstos no n.º 3 do art.º 31.º do EBF, deixam de ser aceites como custos fiscais.

Perante as alterações introduzidas, a tendência para uma primeira conclusão sobressai: as SGPS que adquirem participações sem terem perspectivas de venda, com recurso a capitais alheios, serão penalizadas.

Conforme referido ao longo de todo o trabalho, as SGPS tem como objecto social unicamente a gestão de participações noutras sociedades.

No novo regime, como regra geral, não pagam imposto sobre as mais-valias obtidas na venda de participações detidas há mais de um ano. Do mesmo modo, não deduzem as menos-valias obtidas na alienação nem os encargos financeiros suportados com as aquisições de capital.

No entanto, muitas vezes, as participações são obtidas como recurso a empréstimos que, por sua vez, vencem juros. Como uma forma de contrapartida pela não tributação das mais-valias, os juros destes financiamentos não são fiscalmente dedutíveis aos rendimentos obtidos das participações da SGPS, detidas por um período superior a 1 ano.

Neste sentido, a não dedutibilidade dos encargos financeiros tem vindo a prejudicar as SGPS, principalmente nas participações detidas a longo prazo.

Outras questões na aplicação prática no novo regime de tributação das mais-valias nas SGPS foram levantadas ao longo da analise do tema, nomeadamente, a aplicação de uma norma jurídica em detrimento de outra (caso das normas do art.º 31.º do EBF e das normas previstas nos art.º 23.º, 42.º e 45.º do CIRC), a utilização, nas novas normas introduzidas, de expressões como "regimes de tributação mais favoráveis", "transformação de sociedades" que não possuem, na letra da lei, uma clara definição, ou o critério de custeio a utilizar na valorização da alienação de participações sociais.

Outra questão que tem sido objecto de debate por vários autores e a que respeita á aplicação temporal do novo regime, uma vez que o principio da retroactividade das leis e invocado, no caso de participações alienada após 1 de Janeiro de 2003, mas adquiridas em data anterior.

Não se tratando de uma análise exaustiva de todas as situações levantadas, o presente estudo pretendeu abordar todas estas questões, recorrendo à legislação em vigor e à prática comum nas empresas portuguesas.

Bibliografia

Livros e artigos

Rebelo de Sousa, Marcelo; Galvão, Sofia *Introdução ao estudo do Direito,* 5ª Edição, Lex, Lisboa 2000.

Bravo, Orlando *Introdução ao Direito,* Porto Editora, 1995.

Rocha, Isabel; Rocha, Joaquim *Fiscal,* 10ª Edição, N.º 4 da Colecção Legislação, Porto Editora, 2003.

Santiago, Carlos *POC Comentado,* 12ª Edição, Texto Editores, 2006.

Pereira, Gil Fernandes *A exemplificação e aplicação do POC, 12ª Edição Melhorada e actualizada,* Edição do Autor.

Manual de IRC, Direcção Geral das Contribuições e Impostos, 2005.

Código do IRC Comentado e Anotado, Direcção Geral de Contribuições e Impostos, 1990.

Guia Prático do IRC 2005, Vida Económica, Fevereiro de 2005.

O trabalho de fecho de contas do exercício de 2005, Edição de APECA 34, Março 2006.

Cardoso Mota, António Manuel *O imposto de mais-valias,* 4ª edição, Coimbra Editora, 1981.

Borges, António; Cabrita, Pedro *Mais e menos valias – tributação e reinvestimento,* Colecção Fiscalidade, Áreas Editora, 1999.

Sanches, Saldanha *Manual de Direito Fiscal,* Lex, 1998.

Pinheiro Pinto, José Alberto *Fiscalidade,* Areal Editores, 3ª Edição.

Portugal, António Moura *A dedutibilidade dos custos na jurisprudência fiscal portuguesa,* Coimbra Editora, 2004.

Silva, Fernando Castro *IRC – Dedutibilidade das perdas com transmissão de partes de capital,* in Fisco, n.º 111/112, Lex, Janeiro de 2004.

Tavares, Tomás Castro, *A dedutibilidade dos custos em sede de IRC,* in Fisco, n.º 101/102, Janeiro de 2002.

Antunes, José Engrácia *Os grupos de sociedades,* Livraria Almedian Coimbra, 1993.

Nunes, Gonçalo Avelãs *Tributação dos grupos de Sociedades pelo lucro consolidado em sede de IRC*, 2001, Almedina.

Rosa Lopes, Carlos António *Legislação sobre grupos económicos e consolidação de contas*, Vislis Editores, 1999,

Borges, António; Macedo, João *Sociedades Gestoras de Participações Sociais – Aspectos Jurídicos, Fiscais e Contabilísticos*, 3ª Edição, Áreas Editora, 2002.

Guerreiro, Tiago Caiado *O Novo regime fiscal das sociedades gestoras de participações sociais*, Vida Económica, 2003.

Palma, Clotilde Celorico *Regime Fiscal das Sociedades Gestoras de Participações Sociais licenciadas no Centro Internacional de Negócios da Madeira – Aspectos fundamentais*, in Fisco, n.º 113/114, Lex, Abril de 2004.

Palma, Rui Camacho *Algumas questões em aberto sobre o regime de tributação das SGPS*, in Fisco, n.º 115/116, Lex, Setembro de 2004

Franco Caiado Guerreiro & Associados, *SGPS – Regime Jurídico Fiscal, vantagens e oportunidades da sua utilização*, Formação contínua da ordem dos Revisores Oficiais de Contas, Outubro de 2003.

Pinheiro Pinto, José Alberto, *Os aspectos contabilísticos e fiscais do imobilizado*, Formação segmentada na CTOC, 2002.

Pinheiro Pinto, José Alberto, Revista de Contabilidade e Comércio, n.º 197, de Março de 1993.

Oliveira, José Brito de, *Regime das mais valias fiscais e SGPS*, in Revisores & Empresas.

Gabinete de estudos da AEP, *Circular perverte regime fiscal das SGPS*, in Diário Económico de 7 de Janeiro de 2005.

KPMG, *Regime de eliminação da dupla tributação de lucros*, in Diário Económico de 1 de Janeiro de 2005.

KPMG, *Transmissão onerosa de participações financeiras*, in Diário Económico de 22 de Outubro de 2005.

Silva, Artur Maria da; Silva Pinheiro, Manuel Inácio *Holdings, Sociedades Gestoras de Participações Sociais*, in Boletim 69, APECA, 24 de Fevereiro de 1997 .

Campos, Diogo Leite de, *As SGPS: vítimas do legislador*, in SOL, 14 de Outubro de 2006.

Ernst & Young, Guia Fiscal 2006, Tax Service.

Vasconcelos, André Alpoim, *Eficiência fiscal nas SGPS, in Revista da CTOC n.º 35 de Fevereiro de 2003.*

Vasconcelos, André Alpoim, *As SGPS e o imposto sobre o rendimento, in Revista da CTOC n.º 36 de Março de 2003.*

Silva, Artur Maria da, *Alguns aspectos da tributação das SGPS, in Revista da CTOC, n.º 48 de Março de 2004.*

Pinheiro Pinto, José Alberto, *O método da* equivalência patrimonial na valorimetria das participações de capital nas contas individuais das empresas, in Revista de Contabilidade e Comércio, n.º 197, de Março de 1993.

Teixeira Ribeiro, José Joaquim *Lições de Finanças Públicas*, 3ª Edição, Coimbra, 1997.

Vogel, Klaus, *Relatório Nacional Cahiers de Droit Fiscal Internacional*, volume 41 B.

Paginas da internet

www.apeca.pt
www.inforfisco.pt
www.ctoc.pt
www.oroc.pt
www.diarioeconomico.com
www.dgsi.pt

Códigos consultados

Código Civil
Código das Sociedades Comerciais
Constituição da Republica Portuguesa
Código do IRC
Código do IRS
Código do IVA
Estatuto dos Benefícios Fiscais

Legislação consultada

Lei n.º 71/93 de 26 de Novembro, que aprova o Orçamento suplementar ao Orçamento do Estado para 1993.

Lei n.º 52-C/96, de 27 de Dezembro, que aprova o Orçamento do Estado para 1997.

Lei n.º 30-G/2000, de 29 de Dezembro, que aprova o Orçamento de Estado para 2001.

Lei n.º 109-B/2001, de 27 de Dezembro, que aprova o Orçamento de Estado para 2002.

Lei n.º 32-B/2002, de 30 de Dezembro, que aprova o Orçamento de Estado para 2003.

Lei n.º 107-B/2003, de 31 de Dezembro, que aprova o Orçamento de Estado para 2004.

Decreto-Lei n.º 46373, de 9 de Julho de 1965, que aprova o imposto das mais-valias.

Decreto-Lei n.º 271/72 de 2 de Agosto, que define o regime legal das sociedades Holding.

Decreto-Lei n.º 442-B/88 de 30 de Dezembro, que aprova o CIRC.

Decreto-Lei n.º 495/88 de 30 de Dezembro, que define o regime jurídico das SGPS.

Decreto-Lei n.º 215/89 de 1 de Janeiro, que aprova o Estatuto dos Benefícios Fiscais.

Decreto-Lei n.º 238/91 de 2 de Julho, que estabelece normas relativas à consolidação de contas.

Decreto Lei 138/92 de 17 de Julho que altera o artigo 18.º-A do Decreto--Lei n.º 442-B/88, de 30 de Novembro, com a redacção do Decreto--Lei n.º 360/91, de 28 de Setembro.

Decreto-Lei n.º 318/94 de 24 de Dezembro, que altera o Decreto-Lei n.º 495/88, de 30 de Dezembro.

Decreto-Lei n.º 378/98 de 27 de Novembro, que altera novamente o Decreto-Lei n.º 495/88, de 30 de Dezembro.

Decreto-Lei n.º 198/2001, de 3 de Julho, que revê o CIRS, o CIRC, o EBF e legislação avulsa que dispõe sobre regimes de benefícios fiscais.

Directiva n.º 90/435/CEE, de 23 de Julho.

Circular n.º 3/2001 da DGCI, de 14 de Fevereiro, relativa ao Regime simplificado.

Circular n.º 7/2004 de 30 de Março da DSIRC, relativa a Regime Fiscal das Sociedades Gestoras de Participações Sociais e Sociedades de Capital de Risco.

Circular n.º 25/2004 e Anexo (Parecer Jurídico n.º 3/2004), relativa à legalidade da DC 9.

Proc.: 589/96: Despacho do SDGIRC, de 30.04.96, relativa ao Art. 45.º do CIRC – Reinvestimento dos valores de realização.

Proc.: 3582/2002, com Despacho do SDGC do IR, de 03.06.03 relativa a regime transitório das mais-valias previsto na Lei n.º 109-B/2001, de 27 de Dezembro.

Proc.: n.º 1092/2004 do SBDG de 09.08.2005 – Mais e menos-valias realizadas após 1 de Janeiro de 2003.

Proc.: 1145/2003, com Despacho concordante do SDGI, em 2004.04.06, relativa à aplicação do art. 45.º do CIRC, após 1 de Janeiro de 2001.

Portaria n.º 1272/2001 de 9 de Novembro, do Ministro das Finanças que determina as regiões consideradas paraísos fiscais.

Portaria n.º 429/2006 de 3 de Maio, que aprova os coeficientes de desvalorização monetária aplicáveis para 2006.

Acórdão do Supremo Tribunal Administrativo, Menos-Valias Potenciais, de 25 de Outubro de 2000.

Acórdão do Tribunal Central Administrativo Sul de 16 de Maio de 2006.

Outros

Apontamentos das Aulas do IDEFF de António Lobo Xavier

Apontamentos de Julio de Andrade Fernandes Mendes – TOC n.º 7511

Apontamentos/Manual da CTOC

Manual do POC

ANEXOS

Acórdão do Tribunal Central Administrativo Sul de 16 de Maio de 2006

Processo: 06177/02
Secção: CT – 1.º Juízo Liquidatário
Relator: Casimiro Gonçalves
Empresa: Sonae Investimentos – Sociedade Gestora de Participações Sociais, SA
Assunto: liquidação de IRC relativo a 1990, no montante de 115.789.580$00

"A Fazenda Pública recorre da sentença que, proferida pela Mma. Juíza da 2ª secção do 2.º Juízo do TT de 1ª Instância do Porto, julgou procedente a impugnação, deduzida pela F...T, Gestão de Participações Financeiras, Sociedade de Controlo, SA., com os sinais dos autos, entretanto denominada Sonae Investimentos – Sociedade Gestora de Participações Sociais, SA., em virtude de fusão por incorporação, contra a liquidação de IRC relativo a 1990, no montante de 115.789.580$00."

SITUAÇÃO

Não foi aceite pela Administração Fiscal, a dedução ao Lucro Tributável de IRC de 1990 da Sonae Investimentos – Sociedade Gestora de Participações Sociais, SA, dos ganhos obtidos na alienação de acções da PRAEDIUM e CFI, considerados pela impugnante como Mais-Valias contabilísticas abrangidas pelo Benefício Fiscal ao abrigo do n.º 2 do art. 7.º do Decreto-Lei n.º 495/88 de 30 de Dezembro e do art. 44° do CIRC.

Com base num Relatório da Inspecção-Geral de Finanças, a Administração Fiscal considerou, que para se usufruir do Benefício Fiscal, os ganhos obtidos nas transacções só poderiam ser considerados mais-valias se fossem provenientes de elementos do activo imobilizado nos termos do art. 42.º do CIRC, o que não foi o caso destes ganhos, dado que resultaram de venda de acções adquiridas para revenda a curto prazo.

Assim, na sequência de uma inspecção a Administração Tributária foi-lhe efectuada a liquidação adicional de IRC do exercício de 1990, com a seguinte fundamentação:

"As correcções efectuadas baseiam-se no relatório de 10/2/92 (...) no qual se refere (...) que a empresa adquiriu e vendeu na mesma data (27/12/90) acções da empresa "Praedium", adquiridas pelo preço de 502.259 contos e vendidas pelo preço de 1.000.000 contos; a empresa movimentou a conta 41 – Investimentos Financeiros e considerou o ganho obtido uma mais-valia contabilística que deduziu ao lucro tributável; idêntica situação ocorreu com a transacção de acções da empresa "CFI", sendo o ganho obtido de 23.169 contos, tendo sido dado o mesmo tratamento contabilístico fiscal.

Entende-se que tais ganhos não são enquadráveis no conceito de mais-valia estabelecido no artigo 42.º do CIRC uma vez que se trata de aquisições de acções para revenda a curto prazo e como tal deveriam ter sido contabilizadas na conta 16 – Títulos Negociáveis que de acordo com o POC, inclui os títulos adquiridos com o objectivo de aplicação de tesouraria a curto prazo".

ARGUMENTAÇÃO DA ADMINISTRAÇÃO TRIBUTÁRIA

- O art. 1.º do Decreto-Lei n.º 495/88 exclui do objecto contratual das SGPS, as participações com carácter ocasional (detidas por um período inferior a um ano). O art. 5.º deste Decreto veda expressamente às SGPS a alienação de acções antes de decorrido um ano sobre a aquisição, excepcionando na alínea e) do n.º 1, as situações em que tal pode ocorrer, mas no entender da AT, estas apenas relevam para evitar as sanções do art. 13.º do mesmo Diploma e não para qualificar como imobilizado as acções detidas há menos de um ano. Esta qualificação resulta da normalização contabilística, encontrando-se em vigor o Plano Oficial de Contabilidade do Decreto-Lei n.º 27/87 de 14 de Janeiro, à data das operações.

- O n.º 2 do art. 7.º, do Decreto-Lei n.º 495/88 estabelece que se aplica às SGPS, o Regime Fiscal previsto no art. 44º do CIRC, que permite a exclusão da tributação das mais-valias "realizadas mediante transmissão onerosa de elementos do activo imobilizado corpóreo..." No entanto, uma vez que não se trata de imobilizado corpóreo mas sim imobilizado financeiro, o art. 18.º do Decreto-Lei n.º 215/89 de 1 de Julho – Estatuto dos Benefícios Fiscais, alarga o âmbito do art. 44.º do CIRC aplicando o seu regime também às Imobilizações Financeiras, mas impondo como condição de detenção das acções por período não inferior a 1 ano, para dele beneficiar.
- A AT discorda da sentença e considera que a mesma contém erros de julgamento de facto e de direito, pois, no entender da Fazenda Pública, mais importante do que averiguar se os ganhos decorrentes da alienação das acções em causa, integram ou não o conceito de mais-valias, é determinar se os ganhos integram o conceito de mais-valias subjacente ao regime fiscal previsto nos normativos legais acima descritos. Para isto, releva se as acções se encontravam na posse dos alienantes há mais de 1 ano, à data da alienação, conforme previsto na alínea a) do n.º 1 do art. 18.º do Decreto-Lei n.º 215/89, que alarga o âmbito de aplicação do art. 44º do CIRC às Imobilizações Financeiras.
- A impugnante alienou as ditas acções antes de decorrido um ano sobre a aquisição, tendo as acções da PRAEDIUM sido vendidas no mesmo dia em que foram adquiridas – 27 de Dezembro de 1990 – o que além de evidenciar o carácter ocasional das operações e intuito de revenda a curto prazo, a impede de beneficiar do Regime de Exclusão de tributação em IRC dos ganhos obtidos com as ditas alienações.
- Considerou que a sentença sob recurso violou os art. 1.º e 7.º do Decreto-Lei 497/88, o art. 44.º do CIRC e o art. 18.º do Decreto-Lei n.º 215/89 de 1 de Julho.

Termina pedindo que seja dado provimento ao presente recurso e se revogue a decisão recorrida.

CONTRA-ALEGAÇÃO DA SONAE INVESTIMENTOS – SGPS, SA

- As acções relativas ao capital social da PRAEDIUM e da CFI adquiridas, apesar de não terem sido detidas pelo período de um ano, foram correctamente contabilizadas pela empresa como "Imobilizações Financeiras", tendo-se a actuação da empresa baseado numa lógica de controlo, com vista a intervir activamente na sociedade participada, e não numa lógica de obtenção de ganhos através da revenda no curto prazo;
- Com base no POC, a classificação como "Imobilizações Financeiras" não exige que as acções sejam detidas pelo período mínimo de um ano, prevendo-se apenas que a aquisição seja presidida pela intenção de vir a conservá-las, "com carácter permanente, para rendimento ou controlo de outras empresas";
- À luz do art. 42.º do CIRC, os ganhos conseguidos com a venda das acções revestem o carácter de mais-valias, não existindo dúvidas sobre a aplicabilidade ao caso do benefício fiscal previsto no n.º 2 do art. 7.º do DL 495/88;
- A alínea e) do n.º 1 do art. 5.º do DL 495/88 determina que uma participação, pode ser considerada um elemento do activo imobilizado, apesar ser detida por uma SGPS por menos de um ano, desde que a alienação seja "por troca ou o produto da alienação for reinvestido no prazo seis meses noutras participações". Assim, tendo a compra das acções PRAEDIUM e CFI constituído elemento do activo imobilizado corpóreo da empresa e o produto da alienação foi aplicado nos seis meses seguintes em participações abrangidas pelo n.º 2 do art. 1.º do Decreto-Lei n.º 495/88, pode beneficiar do regime de tributação das mais-valias previsto no art. 44-º n.º 1 do CIRC, por remissão do n.º 2 do art. 7.º deste diploma legal;
- O benefício do n.º 2 do art. 7.º do Decreto-Lei n.º 495/88 não exige que as acções sejam contabilizadas em imobilizações financeiras, referindo-se apenas às "mais-valias" como "ganhos obtidos com a revenda de um bem a um preço superior ao custo de aquisição";
- O acto praticado pela Administração fiscal é ainda ilegal porque desconsidera, no apuramento do rendimento tributável, a existência de uma doação na aquisição das acções da PRAEDIUM e que os fundamentos invocados no acto impugnado são irrelevantes

para a integração de um lote de acções numa dada categoria contabilística, uma vez que não se referem à intenção que presidiu à aquisição das acções. A doação referida implica que o custo de aquisição das 502.239 acções da PRAEDIUM para efeitos do apuramento do lucro tributável em IRC seja de 1.004.478.000$00, pelo que a venda destas acções por 1.000.000.000$00 gerou, para efeitos de IRC, não um proveito mas uma menos-valia;
- Os fundamentos invocados no acto impugnado são irrelevantes para a integração de um lote de acções numa dada categoria contabilística, uma vez que não se referem à intenção que presidiu à aquisição das acções.

Termina pedindo que se negue provimento ao recurso e se confirme a decisão recorrida.

FACTOS

A sentença julgou provados os seguintes factos:
- A impugnante tem como objecto social a gestão de participações sociais de outras sociedades como forma indirecta de exercício de actividade económica;
- A impugnante outorgou com Belmiro Mendes de Azevedo um contrato-promessa de 15/10/1990, pelo qual aquela prometia comprar e este prometia vender, pelo preço global de 502.259 contos, 502.259 acções da «Praedium, Sociedade de Gestão e Investimento Imobiliário, SA», correspondentes a 35,5% do respectivo capital social;
- Em 27/12/1990 realizou-se o contrato prometido e, nesse mesmo dia, a impugnante vendeu as acções compradas por 1.000.000 contos, obtendo um ganho de 497.741 contos;
- Em 2/4/1990 e 4/4/1990, a impugnante adquiriu, respectivamente, 10.000 e 5.000 acções representativas do capital social da «CFI, Companhia Financeira Internacional, SA» pelos preços globais de, respectivamente, 15.248.399$00 e 7.624.200$00, correspondentes a 30% do seu capital social. Estas foram vendidas em, respectivamente, 4/4/1990 e 31/7/1990, pelos preços de 29.551.500$00 € 16.490.459$00, obtendo um ganho global de 23.169.360$00;

- Não havia cotação oficial para as acções da PRAEDIUM nem da CFI.
- Entre 27/12/1990 e 27/7/1991, a impugnante efectuou as seguintes aquisições:

Empresa	Capital Social	Data da aquisição	Nº acções adquiridas	Valor de aquisição
CLÍNICA MIRADOURO, SA	750.000.000$00	28/12/90	231.666	231.666.000$00
EFISA, Engenharia Financeira, SA	750.000.000$00	31/12/90	84.640	253.920.000$00
PROADEC, SA	950.010.000$00	2/1/91	352.692	862.289.168$00
SAG, Sociedade de Apoio à Gestão, SA	100.000.000$00	25/2/91	97.000	242.500.000$00
EFANOR, Empresa Fabril do Norte, SA	4.325.000.000$00	28/3/91	146.950	146.950.000$00
EUROFONE, Telecomunicações Móveis, SA	5.000.000$00	2/5/91	999	999.000$00

- Os ganhos obtidos com a venda das acções foram contabilizados como "mais-valias" e as acções adquiridas foram contabilizadas como "investimentos financeiros";
- Em 15/1/1990, a «PRAEDIUM» denominava-se «QUORUM – SGII, Sociedade de Gestão e Investimento Imobiliário, SA», tendo um capital social de 600.000.000$00, representado por 600.000 acções, no valor nominal de 1.000$00cada, das quais, 279.500 pertenciam a «QUORUM, Gestão e Promoção Imobiliária, SA», e as restantes 320.500 a Raimundo Pinto Madeira Durão, Maria Lucinda Oliveira Leal Durão, Maria Teresa Leal Madeira Durão, Maria Joana Oliveira Leal Durão e Maria Lucinda Oliveira Leal Madeira Durão.
- Em 15/1/1990 as 600.000 acções foram vendidas a Belmiro Mendes de Azevedo, sendo as 279.500 acções da QUORUM pelo preço de 279.500.000$00 e as 320.500 das pessoas singulares ao preço de 1.020.500.000$00 do que resultou um custo unitário médio de 2.166$00, correspondente a uma valorização global da então QUORUM de 1.300.000.000$00.
- Em 16/6/1990, a assembleia geral da QUORUM – SGII deliberou alterar a denominação social para PRAEDIUM, Sociedade de Gestão e Investimento Imobiliário, SA e aumentar o capital social para 1.500.000.000$00, através da emissão de 900.000 novas acções com o valor nominal unitário de 1.000$00, a realizar, quer mediante entradas em dinheiro no montante de 307.272.000$00, quer mediante entrada de diversos imóveis, cujo valor totalizava 592.728.000$00.
- A actividade da PRAEDIUM em 1990 foi lucrativa, reavaliando o seu património em mais 1.228.740.436$00, do que resultou valerem as suas acções, cerca de 1.900$00.

Anexos

- O património líquido da PRAEDIUM ascendia, em 27/12/1990 a aproximadamente 3.000.000.000$00, pelo que cada uma das 1.500.000 acções que a partir de 15/10/1990 passaram a representar o seu capital social valia cerca de 2.000$00. Este valor era conhecido aquando do contrato promessa outorgado em 15/10/1990.
- Em 15/10/1990, Belmiro de Azevedo era titular de 91,42% do capital social da F...T., tendo a intenção de beneficiar gratuitamente a F..T ao prometer vender por 502.259.000$00 as acções que valiam cerca de 1.004.518.000$00, em montante equivalente a essa diferença.
- A aquisição definitiva das acções PRAEDIUM só não ocorreu em 15/10/1990 porque, estava pendente o processo de registo do aumento de capital a que diziam respeito, pelo que a transmissão definitiva teve de esperar a conclusão do respectivo processo, sendo que a intenção que determinou a administração da impugnante já estava formada desde a data do contrato promessa.

LEGISLAÇÃO BASE

Art. 1.º do DL 495/88 de 30/12:

«1 – As sociedades gestoras de participações sociais (...), têm por único objecto contratual a gestão de participações sociais de outras sociedades, como forma indirecta de exercício de actividades económicas.

2 – Para efeitos do presente diploma, a participação numa sociedade é considerada forma indirecta de exercício da actividade económica desta quando não tenha carácter ocasional e atinja, pelo menos, 10% do capital com direito de voto da sociedade participada, quer por si só, quer conjuntamente com participações de outras sociedades em que a SGPS seja dominante.

3 – Para efeitos do número anterior, considera-se que a participação não tem carácter ocasional quando é detida pela SGPS por período superior a um ano.

Art. 5.º, n.º 1 DL 495/88 de 30/12:

«1 – Às SGPS é vedado:
e) Antes de decorrido um ano sobre a sua aquisição, alienar ou onerar as participações abrangidas pelo n.º 2 do art. 1°, excepto se a alienação

104 *A Tributação das Mais-Valias Realizadas na Transmissão Onerosa em SGPS*

for feita por troca ou o produto da alienação for reinvestido no prazo de seis meses noutras participações abrangidas pelo citado preceito;»

Art. 7.º DL 495/88 de 30/12:

«1 – Às SGPS é aplicável o disposto no n.º 1 do artigo 45.º do Código do Imposto sobre o Rendimento das Pessoas Colectivas (IRC), sem dependência dos requisitos aí exigidos quanto à percentagem de participação e ao prazo em que esta tenha permanecido na sua titularidade.

2 – Às mais-valias e menos-valias obtidas pelas SGPS, mediante a venda ou troca das quotas ou acções de que sejam titulares, é aplicável o disposto no art. 44° do Código do Imposto sobre o Rendimento das Pessoas Colectivas (IRC), sempre que o respectivo valor de realização seja reinvestido, total ou parcialmente, na aquisição de outras quotas, acções ou títulos emitidos pelo Estado, no prazo aí fixado.»

O n.º 1 deste art. 44° do CIRC dispõe que «não concorre para o lucro tributável do exercício a que respeitar, na parte que tenha influenciado a base tributável, a diferença positiva entre as mais-valias e as menos--valias realizadas mediante transmissão onerosa de elementos do activo imobilizado corpóreo (...) sempre que o valor da realização correspondente à totalidade dos referidos elementos seja reinvestido na aquisição, fabricação ou construção de elementos do activo imobilizado corpóreo até ao fim do segundo exercício seguinte ao da realização.»

Art. 45.º do CIRC:

«1 – Para efeitos de determinação do lucro tributável das sociedades comerciais ou civis sob forma comercial, cooperativas e empresas públicas, com sede ou direcção efectiva em território português, será deduzida uma importância correspondente a 95% dos rendimentos, incluídos na base tributável, correspondentes a lucros distribuídos por entidades com sede ou direcção efectiva no mesmo território, sujeitas e não isentas de IRC ou sujeitas ao imposto referido no artigo 6, nas quais o sujeito passivo detenha directamente uma participação no capital não inferior a 25%, e desde que esta tenha permanecido na sua titularidade durante dois anos consecutivos ou desde a constituição da entidade participada, contanto que neste último caso a participação seja mantida durante aquele período.»

(...)

«4 – O disposto no n.º 1 é igualmente aplicável às sociedades de participações sociais, nos termos da respectiva legislação, bem como a outros tipos de sociedades, de acordo com o Estatuto dos Benefícios Fiscais.»

SETENÇA

Quanto à questão de se considerar errónea a qualificação dos factos, ou seja, saber se o ganho auferido pela impugnante e resultante da compra e venda das acções da PRAEDIUM e da CFI constitui ou não uma mais-valia e saber se foi ou não bem contabilizada na conta "Investimentos Financeiros", a sentença respondeu afirmativamente a tal questão e, em consequência, julgou procedente a impugnação. Para tal, considerou:

- Pode concluir-se que a operação alcança a natureza de aplicação a médio ou longo prazo, pois que, de acordo com as regras da experiência, os volumes de acções e as importâncias dispendidas, indiciam tratar-se de uma transacção com o objectivo de obter uma posição relevante ou de controlo das sociedades em causa, e não uma mera operação de especulação financeira de investimento no mercado de valores mobiliários.
- Por outro lado, este objectivo enquadra-se no objecto social da impugnante, a gestão de participações sociais de outras sociedades e o art. 44.º do CIRC, ao excluir as mais-valias da tributação, desde que reinvestidas nas condições aí prescritas, integra um benefício fiscal de incentivo ao investimento, objectivo esse também perseguido com o diploma regulamentador das SGPS.
- Considera que, embora à primeira vista, e de acordo com o regime específico das SGPS, para que uma participação possa ser considerada elemento do activo imobilizado corpóreo, ela deve ser detida pelo menos durante um ano e atingir pelo menos 10% do capital com direito a voto da sociedade participada, o que não era o caso da operação que originou a criação das mais-valias em causa, há que atender ao disposto na alínea e) do n.º 1 do art. 5 daquele mesmo diploma: "Às SGPS é vedado (...) antes de decorrido um ano sobre a sua aquisição, alienar ou onerar as participações abrangidas pelo n.º 2 do art. 1º, excepto se a alienação for feita por troca ou o produto da alienação for reinvestido no prazo

de seis meses noutras participações abrangidas pelo citado preceito". Ou seja, uma participação, apesar de ser detida por menos de um ano, pode ser considerada elemento do activo imobilizado corpóreo duma SGPS, nas 2 situações descritas atrás.

- Assim, a compra e venda das acções por parte da impugnante reúne os requisitos necessários para ser considerada um seu elemento do activo imobilizado corpóreo, já que o ganho obtido com a venda das acções da PRAEDIUM e da CFI foi aplicado na compra de participações sociais da CLÍNICA MIRADOURO, EFISA, PROADEC, SAG, EFANOR e EUROFONE, no prazo de 6 meses após a venda e reinvestimento esse que a impugnante conservou na sua posse. Assim, a compra das nomeadas acções constituiu elemento do activo imobilizado corpóreo da impugnante podendo beneficiar do regime de exclusão de tributação das mais-valias previsto no n.º 1 do art. 44.º do CIRC, por remissão do art. 7.º n.º 2 do Decreto-Lei n.º 495/88, de 30 de Dezembro. Deste modo, a compra das acções constituiu elemento do activo imobilizado corpóreo da impugnante, podendo beneficiar do regime de exclusão de tributação das mais-valias previsto no art. 44.º n.º 1 do CIRC, por remissão do art. 7.º n.º 2 do DL 495/88.

CONCLUSÃO

Provando-se que o objectivo da recorrida, com a aquisição, era o de obter o controlo das sociedades Praedium e CFI, a natureza das operações efectuadas reveste-se em aplicações a médio ou longo prazo, enquadrada no objecto social da recorrida. O ganho obtido com a venda das acções da Praedium e da CFI foi reinvestido, no prazo de 6 meses após a venda, na compra de partes de capital da Clínica Miradouro, Efisa, Proadec, Sag, Efanor e Eurofone, mantendo-se estas na sua posse, verificando-se, o reinvestimento preconizado na alínea e) do n.º 1 do art. 5.º, do DL.

Uma vez que a aplicação do disposto no n.º 2 do art. 7.º do DL 495/ /88 não exigia o requisito da permanência das participações da impugnante na sociedade participada, não exigindo que as participações só pudessem ser consideradas se não tivessem carácter ocasional, a liquidação impugnada sofre de ilegalidade uma vez que os ganhos realizados se encontravam incluídos no regime fiscal previsto no art. 44.º do CIRC.

A sentença recorrida decidiu, pois, de acordo com as normas legais aplicáveis e sem violação do disposto nos arts. 1.º, 7.º, n.º 2 do DL 495/ /88, 42.º e 44.º do CIRC.

Deste modo, improcedem as Conclusões do recurso.

DECISÃO

O Tribunal Central Administrativo Sul nega provimento ao recurso e confirma a sentença recorrida.

Para um maior detalhe, sugere-se a visualização do presente acórdão no seguinte site:

http://www.dgsi.pt/jtca.nsf/a10cb5082dc606f9802565f600569da6/ 6eca280f59f5cf1c802571720061f63f?OpenDocument

Acórdão do Supremo Tribunal Administrativo – Menos valias potenciais – 25.10.2000

CIRC – MAIS-VALIAS POTENCIAIS OU LATENTES – CAPITAL SOCIAL (DIMINUIÇÃO DO) – INCREMENTOS PATRIMO-NIAIS – MENOS-VALIAS POTENCIAIS OU LATENTES – MAIS-VALIAS

I. Só as menos-valias realizadas, e não também as menos-valias potenciais ou latentes, constituem custos ou perdas de exercício para efeitos de IRC (art.º 23.º, n.º 1, al. i) e 24.º, n.º 2, al. b) do CIRC);

II. Só há menos-valias realizadas quando houver perdas sofridas mediante transmissão onerosa (art.º 42.º, n.º 1, do CIRC);

III. Uma diminuição do capital social com redução proporcional do valor das quotas, por ser uma menos-valia potencial ou latente, não é uma variação patrimonial negativa, pelo que não é custo ou perda;

IV. O IRC adoptou a teoria do rendimento acréscimo, pois alargou a base de incidência a todo o aumento do poder aquisitivo, incluindo nela as mais-valias;

V. Adoptou-se uma noção extensiva de rendimento de acordo com a teoria do incremento patrimonial, ressalvando-se as mais e menos-valias que se manifestem por simples relevação contabilística;

VI. A redução do capital social, como menos-valia potencial ou latente, só será realizada quando houver alienação da participação social, com a correspondente contraprestação (Ac. STA de 25.10.2000, in Ac. Dout. STA n.º 482, Ano XLI, pág. 196).

Proc.: 3582/2002, com Despacho do SDGC do IR, de 03.06.03 – Regime transitório das mais-valias previsto na Lei n.º 109-B/2001, de 27 de Dezembro – informação vinculativa

A Lei n.º 109-B/2001, de 27 de Dezembro, estabelece, no n.º 8 do seu art.º 32.º, um regime transitório relativo à diferença positiva entre as mais-valias e as menos-valias realizada antes de 1 de Janeiro de 2001 e cujo reinvestimento dos respectivos valores de realização seja efectuado em bens não reintegráveis, alternativo ao previsto na alínea b) do n.º 7 do art.º 7.º da Lei n.º 30-G/2000, de 29 de Dezembro. Esse regime permite que os sujeitos optem por incluir na base tributável de qualquer exercício anterior ao da alienação do activo associado, desde que seja posterior a 1 de Janeiro de 2001, 50% do seu valor, nos termos previstos no art.º 45.º do Código do IRC, mas sem exigência de novo reinvestimento.

Optando-se pelo regime da Lei n.º 109-B/2001, a diferença positiva entre as mais e as menos-valias suspensa de tributação deve ser incluída, em 50%, no lucro tributável de qualquer exercício anterior ao da alienação.

Ou seja, o limite temporal para que a totalidade daquela diferença seja incluída, em 50%, no lucro tributável é o exercício anterior ao da alienação de qualquer dos activos a que está associada, não podendo o sujeito passivo optar por incluir tal diferença de uma só vez ou faseadamente se e na medida da alienação de cada um desses activos.

Para exemplificar a informação vinculativa apresenta 2 exemplos:

Exemplo 1

Empresa X, exercício de 1999
- Alienação, determinados bens do seu activo imobilizado, por € 12 000, com uma diferença positiva entre as mais-valias e as menos-valias realizadas de € 1 500.

- Aquisição de partes de capital das empresas A, B e C, por 5000€, 3000€ e 4000€, respectivamente.

Hipóteses:
- A empresa pode incluir, no lucro tributável, 50% da diferença positiva de 1500€, em qualquer exercício a partir de 1 de Janeiro de 2001, independentemente de os activos a que a mesma está associada serem ou não mantidos na empresa;
- Se tiver a intenção de alienar, por exemplo, em 2005 as partes de capital da sociedade B, deve integrar, no lucro tributável relativo a qualquer exercício anterior ao da alienação, o valor correspondente a 50% da totalidade daquela diferença, ou seja750€ (50% de 1500€).

Exemplo 2

Empresa Y
- 1999 – alienação de partes das imobilizações financeiras por 12000€, apurando uma diferença positiva de mais e menos-valias de 1500€;
- 2000 – alienação de partes das imobilizações financeiras por 6000€, apurando uma diferença positiva de mais e menos-valias de 1000€;
- 2001 – reinvestimento dos valores de realização na aquisição de partes de capital das empresas A, B e C, por 6000€, 5800€ e 6200€, respectivamente.

Se a empresa pretender alienar, em 2004, as partes de capital da sociedade A, deverá incluir no lucro tributável relativo a qualquer exercício anterior ao da alienação, o valor correspondente a 50% da totalidade da diferença positiva entre as mais-valias e as menos-valias realizadas em 1999 e em 2000, ou seja, 1250€ (50% de 2 500€)

Proc.: 1092/2004, com Despacho de 09.08.2005 do SBDG

A Lei n.º32-B/2002, de 30 de Dezembro, veio alterar o regime fiscal consagrado no artigo 31.º do EBF, aplicável às mais – valias e menos – valias realizadas após 1 de Janeiro de 2003, não tendo sido instituído qualquer regime transitório quanto às menos valias realizadas a partir daquela data, quais se tenha procedido, em exercícios anteriores à constituição de provisões, existindo, assim, na empresa, uma repercussão contabilística e fiscal.

Este Despacho vem esclarecer esta questão considerando que, apesar das provisões constituídas terem sido aceites como custo antes de Janeiro de 2003, ao abrigo da legislação em vigor nessa data, com a entrada em vigor da Lei n.º 32-B/2002, de 30 de Dezembro, as menos – valias realizadas após aquela data, não concorrem para a formação do lucro tributável, independentemente de ter sido constituídas provisões.

O raciocínio subjacente baseia-se no facto da constituição da provisão não implicar uma perda efectiva, mas apenas uma perda potencial, dado que, de acordo com a sua definição, a provisão apenas reflecte contabilisticamente situações de incerteza sobre eventos futuros. A perda efectiva apenas se irá concretizar aquando da alienação da participação financeira.

Assim, são desconsideradas como custo fiscal as menos-valias realizadas pelas SCR e SGPS, a partir de 1 de Janeiro de 2003, referentes a participações detidas por um período mínimo de um ano, mesmo que para essas menos-valias tenham sido constituídas provisões, devendo o valor dessas provisões ser considerado como componente positiva do lucro tributável no exercício da realização.

**Proc.: 1145/2003, com Despacho concordante
do Sr. Director-Geral dos Impostos, em 2004.04.06**

Este Despacho vem determinar que, a nova redacção do art.º 45.º do Código do IRC só seria de aplicar nos períodos de tributação após 1 de Janeiro de 2001, pelo que, às mais-valias e menos-valias realizadas antes daquela data continuou a aplicar-se o regime fiscal anterior até à realização de mais-valias ou menos-valias relativas aos bens em que se viesse a concretizar o reinvestimento dos respectivos valores de realização, por força do disposto no n.º 7 do art.º 7.º da Lei n.º 30-G/2000, de 29 de Dezembro.

Isto significa que, em caso de incumprimento total ou parcial do reinvestimento relativo a mais-valias realizadas antes de Janeiro de 2001, deverá ser aplicada a penalização prevista na redacção do n.º 5 do art.º 45.º do Código do IRC, antes da alteração introduzida pela Lei n.º 30-G/ /2000, de 29 de Dezembro, que determina que ao valor do IRC liquidado relativamente ao terceiro exercício posterior ao da realização acresce-se o IRC que deixou de ser liquidado, adicionado dos juros compensatórios correspondentes, ou, no caso de não haver lugar ao apuramento de IRC, corrige-se o prejuízo fiscal declarado.

Circular 7/2004 do DSIRC, de 30 de Março – Regime Fiscal das Sociedades Gestoras de Participações Sociais e Sociedades de Capital de Risco

Tendo surgido algumas dúvidas quanto às alterações introduzidas pela Lei n.º 32-B/2002, de 30 de Dezembro no art.º 31.º do Estatuto dos Benefícios Fiscais (EBF), esta circular vem esclarecer que:

O n.º 2 do art.º 31.º do EBF determina que as mais-valias e as menos-valias realizadas pelas SGPS e pelas SCR mediante a transmissão onerosa de partes de capital de que sejam titulares, detidas por período não inferior a um ano, e, bem assim, os encargos financeiros suportados com a sua aquisição, não concorrem para a formação do lucro tributável.

O n.º 3 do mesmo artigo, tendo a natureza de uma norma antiabuso, afasta a aplicação do regime previsto no n.º 2 relativamente "às mais-valias realizadas e aos encargos financeiros suportados quando as partes de capital tenham sido adquiridas a entidades com as quais existam relações especiais, nos termos do n.º 4 do art.º 58.º do Código do IRC, ou entidades com domicílio, sede ou direcção efectiva em território sujeito a um regime fiscal mais favorável, constante de lista aprovada por portaria do Ministro das Finanças, ou residentes em território português sujeitas a um regime especial de tributação e tenham sido detidas, pela alienante, por período inferior a três anos e, bem assim, quando a alienante tenha resultado de transformação de sociedade à qual não fosse aplicável o regime previsto naquele número relativamente às mais-valias das partes de capital objecto de transmissão, desde que, neste último caso, tenham decorrido menos de três anos entre a data da transformação e a data da transmissão."

Quanto à aplicação temporal do novo regime, esclarece-se que a alteração introduzida no art.º 31.º do EBF aplica-se às mais-valias e às menos-valias realizadas nos períodos de tributação que se iniciem após 1 de Janeiro de 2003. À diferença positiva entre as mais-valias e as menos-valias realizadas antes dessa data, aplica-se o disposto nas alíneas a) e b) do n.º 7 do artigo 7.º da Lei n.º 30-G/2000, de 29 de Dezembro, ou, em alternativa, no n.º 8 do artigo 32.º da Lei n.º 109-B/2001, de 27 de Dezembro.

Do mesmo modo, o novo regime é aplicável aos encargos financeiros suportados nos períodos de tributação iniciados após 1 de Janeiro de 2003, ainda que sejam relativos a financiamentos contraídos antes daquela data.

Relativamente ao exercício em que deverão ser feitas as correcções fiscais dos encargos financeiros entende-se que a empresa deverá proceder, à correcção fiscal dos que tiverem sido suportados com a aquisição de participações que sejam susceptíveis de virem a beneficiar do regime especial estabelecido no n.º 2 do art.º 31.º do EBF no exercício a que os mesmos disserem respeito, independentemente de se encontrarem já reunidas todas as condições para a aplicação do regime especial de tributação das mais-valias.

Apenas quando se alienar as participações, caso se conclua que não se verificam todos os requisitos para aplicação daquele regime, procede-se, nesse exercício, à consideração como custo fiscal dos encargos financeiros que não foram considerados como custo em exercícios anteriores.

Quanto ao método a utilizar para efeitos de afectação dos encargos financeiros suportados à aquisição de participações sociais, sendo difícil encontrar um método de afectação directa ou específica e dada possibilidade de manipulação que o mesmo permitiria, a imputação ser efectuada com base numa fórmula que atenda ao seguinte: Imputação dos passivos remunerados das SGPS e SCR aos empréstimos remunerados por estas concedidos às empresas participadas e aos outros investimentos geradores de juros, afectando-se o remanescente aos restantes activos, nomeadamente participações sociais, proporcionalmente ao respectivo custo de aquisição.

Para ilustrar a situação apresentar um exemplo:

Consideremos os seguintes valores que constituem o balanço de uma SGPS:

Valores Activos		Valores passivos	
Empréstimos concedidos remunerados	50.000	Empréstimos obtidos remunerados	90.000
Partes de capital (custo de aquisição)	20.000		
Outros activos	10.000		

De acordo com o exposto temos:
- Passivos remunerados imputáveis aos empréstimos concedidos remunerados: 50.000€
- Passivos remunerados imputáveis aos restantes activos: 90.000€ – 50.000€ = 40.000€
- Passivos remunerados imputáveis às partes de capital: 26.666,67€

40.000 ——— 30.000   x = 26.666,67€
x ——— 20.000

Se os encargos financeiros suportados no exercício totalizarem 1.800€, a parcela dos encargos imputável às partes de capital será de 533,3€.

90.000 ——— 1.800   x = 533,3€
26.666,7 ——— x

Relativamente à determinação do regime fiscal aplicável às mais--valias e menos-valias realizadas com a alienação de participações sociais, deverá analisar-se cada operação, por forma a determinar o enquadramento legal das mesmas (art. 31.º do EBF ou art. 23.º, 42.º e 43.º a 45.º todos do Código do IRC e efectuar o apuramento das mais e menos--valias de acordo com a legislação aplicável no caso concreto.

Conforme definido no n.º 3 do art. 31.º do EBF, afasta-se a aplicação do regime especial relativo às mais-valias e aos encargos financeiros sempre que as partes de capital alienadas tenham sido adquiridas, entre outras situações, a uma entidade sujeita a um regime especial de tributação e tenham sido detidas por um período inferior a três anos, sempre que a aquisição das partes de capital tenha sido efectuada a outra SGPS ou SCR.

**Proc. 589/96: Despacho do SDGIRC, de 30.04.96
– Art. 45.º do CIRC – Contrato de Permuta –
Reinvestimento dos valores de realização**

No caso de permuta de bens do activo imobilizado, para efeitos de apuramento da mais-valia ou da menos-valia fiscal, considera-se como valor de realização valor de mercado dos bens ou dos direitos recebidos em troca acrescido ou diminuído da importância em dinheiro conjuntamente recebida ou paga, conforme determina a alínea a) do n.º 3 do art. 43.º do Código do IRC.

Se os bens recebidos em troca forem considerados imobilizado corpóreo, o seu valor será elegível, como reinvestimento, desde que sejam recebidos no prazo de dois anos contados a partir da data da realização (data do contrato de permuta), para aplicação do disposto no art. 45.º do Código do IRC.

Se, terminado o prazo legal para a concretização do reinvestimento, os bens ainda não tiverem sido recebidos mas já se encontrarem em construção, deverá ser solicitada à empresa responsável pela construção, uma declaração em que esta informe a percentagem de acabamento dos bens. Esta percentagem de acabamento será a percentagem a considerar em investimento concretizado aplicando-se o disposto no n.º 2 do art. 45.º do CIRC, que regula as situações de reinvestimento parcial.

ÍNDICE

Nota Introdutória	5
1. Nota Prévia	7
2. Introdução	9
3. Enquadramento de conceitos	11
3.1. Mais-valias e menos-valias	11
3.2. Regime legal das Sociedades Holding	15
3.2.1. Sociedades de Controlo	15
3.2.2. As Sociedades Gestoras de Participações Sociais	15
4. Regime Contabilístico do Imobilizado Financeiro	21
4.1. Reconhecimento inicial	21
4.2. Reconhecimento subsequente – O Método da Equivalência Patrimonial	24
4.3. Reconhecimento pela alienação ou venda	28
5. Regime fiscal das mais e menos-valias em Imobilizado Financeiro	33
5.1. Imobilizado reavaliado ou contabilizado pelo MEP	33
5.2. Coeficientes de desvalorização	33
5.3. Critérios de valorização das saídas	34
6. Sucessão do regime fiscal das mais valias no tempo	39
6.1. Regime anterior ao CIRC	39
6.2. Regime inicial do CIRC	40
6.3. Regime do OE 1994	42
6.4. Regime do OE 1997	42
6.5. Regime do OE 2001	43
6.6. Regime do OE 2002	43
6.7. Regime actual das mais-valias – OE 2003	47
7. Sucessão do regime fiscal das mais valias no caso das SGPS	49
7.1. Regime até 2000	49
7.2. Regime do OE 2001	50
7.3. Regime do OE 2002	51
7.4. Regime actual das mais-valias nas SGPS – OE 2003	51
8. Análise detalhada do regime actual das mais valias nas SGPS	55
8.1. O art.º 31.º do Estatuto dos Benefícios Fiscais	55

124 *A Tributação das Mais-Valias Realizadas na Transmissão Onerosa em SGPS*

8.2. Menos-valias – art.º 23.º e 42.º do CIRC 57
8.3. Mais-valias e reinvestimento dos valores de realização – art.º 45.º
 do CIRC 59
8.4. Encargos Financeiros à luz do novo regime 62
8.5. Conclusões sobre o novo regime 62
9. Análise crítica do novo regime (LOE 2003) 65
9.1. Breve introdução 65
9.2. As tipologias das normas 67
9.3. O regime de tributação das mais-valias no caso de reinvestimento
 dos valores de realização (art.º 45.º do CIRC) e a sua articulação
 com o art.º 31.º dos EBF 69
9.4. A tributação das menos-valias – art.º 23.º e 42.º do CIRC 70
9.5. A dedutibilidade dos encargos financeiros à luz do novo regime ... 72
9.5.1. Alcance do conceito 72
9.5.2. A alocação dos encargos financeiros à participações detidas
 por SGPS 74
9.6. Aplicação temporal do novo regime 74
9.6.1. Mais e menos-valias realizadas – art.º 31.º do EBF e art.º 23.º,
 42.º e 45.º do CIRC 75
9.6.2. Aplicação temporal do novo regime aos encargos financeiros .. 78
9.6.3. Momento da definição do regime para os encargos financeiros .. 80
10. Conclusões 85
Bibliografia 89
Anexos 95